されど、大東亜戦争の真実

ンド・パール判事の霊言

大川隆法
Ryuho Okawa

まえがき

読み終えて、日本は孤独ではなかった。日本には友人がいたのだ。と、強く思わせる一書となった。

戦後日本を苦しめ続けた、あの東京裁判史観に対し、当事者の判事の一人として、断固《だんこ》、「日本無罪論」を唱《とな》えることは、厳しくも、孤立し、勇気を必要とする態度であったろう。されど、大東亜《だいとうあ》戦争の真実を、ここまではっきりと言い切ったのはインドのパール判事ただ一人であっただろう。それだけでも十分に涙する事実である。

本霊言は、帰天して五十年近い歳月が流れたあとも、パール判事の信念が微動《びどう》だにしなかったことを証明している。大東亜戦争なくして、インドの独立も、他のアジア諸国の独立も、アフリカ諸国の独立もなかった。日本は東洋の盟主《めいしゅ》であったし、盟主たるべし、との力強い言葉は、後世《こうせい》の日本人の魂《たましい》をも激しく揺さぶることになるだろう。

二〇一五年　六月二十七日

幸福《こうふく》の科学《かがく》グループ創始者兼総裁《そうししゃけんそうさい》　大川隆法《おおかわりゅうほう》

されど、大東亜戦争の真実　インド・パール判事の霊言　目次

されど、大東亜《だいとうあ》戦争の真実　インド・パール判事の霊言《れいげん》

二〇一五年六月二十三日　収録
東京都・幸福の科学総合本部にて

「霊言現象《れいげん》」とは、あの世の霊存在の言葉を語り下ろす現象のことをいう。これは高度な悟《さと》りを開いた者に特有のものであり、「霊媒現象《れいばい》」（トランス状態になって意識を失い、霊が一方的にしゃべる現象）とは異なる。外国人霊の霊言の場合には、霊言現象を行う者の言語中枢《ちゅうすう》から、必要な言葉を選び出し、日本語で語ることも可能である。

なお、「霊言」は、あくまでも霊人の意見であり、幸福の科学グループとしての見解と矛盾《むじゅん》する内容を含《ふく》む場合がある点、付記しておきたい。

されど、大東亜《だいとうあ》戦争の真実
インド・パール判事の霊言《れいげん》

二〇一五年六月二十三日　収録
東京都・幸福の科学総合本部にて

ラダビノード・パール（一八八六～一九六七）

インドの法学者。コルカタ大学理学部・法学部を卒業後、弁護士として登録。同大学法学部教授、コルカタ高等裁判所判事、同大学副総長、国際連合国際法委員長を歴任。極東国際軍事裁判（東京裁判）では、他の判事が全員一致《いっち》の有罪判決を目指すなか、戦勝国のつくった事後法《じごほう》である「平和に対する罪」と「人道に対する罪」で裁くことは国際法に反するとして、唯一《ゆいいつ》、被告人《ひこくにん》全員の無罪を主張（パール判決書）。晩年、日本政府から勲一等瑞宝章《くんいっとうずいほうしょう》を授与《じゅよ》された。

質問者　大川真輝《おおかわまさき》（幸福の科学理事 兼《けん》 宗務《しゅうむ》本部総裁室長代理 兼 エル・カンターレ信仰《しんこう》伝道局活動推進参謀《さんぼう》 兼 ＨＳＵ教学補強担当）

綾織次郎《あやおりじろう》（幸福の科学上級理事 兼「ザ・リバティ」編集長 兼 ＨＳＵ講師）

里村英一《さとむらえいいち》（幸福の科学専務理事〔広報・マーケティング企画《きかく》担当〕兼 ＨＳＵ講師）

［質問順。役職は収録時点のもの］

1　東京裁判で「日本無罪論」を主張したパール判事を招霊《しょうれい》する

「大東亜《だいとうあ》戦争の真実」について、霊的《れいてき》にアプローチをかける

大川隆法　先週のスターリンの霊言《れいげん》（二〇一五年六月十六日収録。『赤い皇帝《こうてい》　スターリンの霊言』〔幸福の科学出版刊〕参照）に続きまして、パール判事の霊言を収録いたします。実は、次男の大川真輝《まさき》理事から、「先の大戦を見直すに当たって、スターリンの霊言とパール判事の霊言が欠けているのではないか」との意見があり、急遽《きゅうきょ》、差し込《こ》んでいるものです。

今日（二〇一五年六月二十三日）は、沖縄《おきなわ》戦の終結

『赤い皇帝　スターリンの霊言』
（幸福の科学出版）

の日にも当たっているので、慰霊祭《いれいさい》もなされるかと思いますが、この霊言収録は、当会なりの慰霊祭の代わりかもしれません。

また、大東亜《だいとうあ》戦争に関しては、最近、「ザ・リバティ」編集長から立派《りっぱ》な本が上梓《じょうし》されています（『「奇跡《きせき》」の日本近代史――世界を変えた「大東亜戦争」の真実――』綾織次郎著〔HSU出版会刊〕参照）。あれは、いい本ですね。よく書けていますから、もっと宣伝しなくてはいけないでしょう。

綾織　ありがとうございます。

大川隆法　いずれにせよ、このテーマについては、さまざまな角度から勉強をし直さなくてはいけないかと思っています。

さて、現時点で、安倍《あべ》内閣が、安保《あんぽ》法制案の整備のために国会バトルをやっておりますが、九月まで会期延長ということで、異例の長期戦に入っています。参議院でスッと通らなかった場合、「衆議院の再議決で、三分の二以上を取れば法案は通る」という憲法上の規定があるので、それを狙《ねら》っての九十五日間の延長でしょう。夏休みもぶち抜《ぬ》きで会期中ということになりますが、今、それほど重要な山場に差し掛《か》かっているわけです。

なお、私のほうとしても、先日、法学者の見解に関して、長谷部恭男《はせべやすお》教授のところに、一本《いっぽん》、〝弾《たま》〟を撃《う》っておきました（『左翼《さよく》憲法学者の「平和」の論理診断《しんだん》』（幸福の科学出版刊）参照）。ところが、反対する学者たち五千人ぐらいが集まりをつくっているらしいのです（笑）。あらかた、「安保法制は違憲《いけん》」という感じのようですが、こちらとしても、相手が五千人にも膨《ふく》らんでいたということに、少々驚《おどろ》きました。

私のように、元法学部で、法律の勉強もろくにせず、宗教をやっている人間が〝弾〟を撃ったら、向こうは五千人も集まっていたというわけで、多少厳しい局面

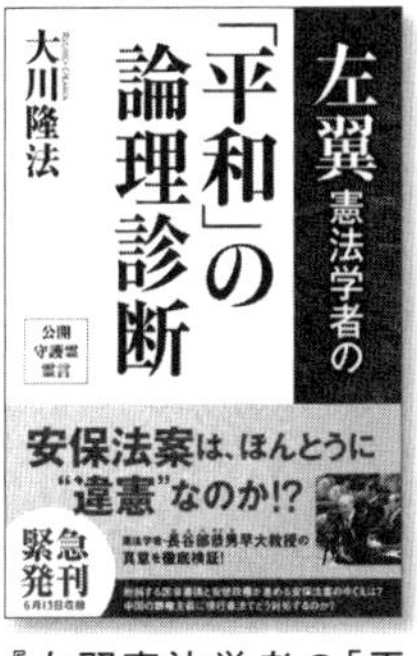

『左翼憲法学者の「平和」の論理診断』（幸福の科学出版）

ではありますが、今の政府を応援《おうえん》するような言論を張れる人は、それほどいそうにもありません。

そこで、歴史書だけを分析《ぶんせき》しても分からない部分について、霊的な証言を得ようと思っています。

私たちとしては、これ（霊言）は科学的証明だと思っています。この世的には理解しづらいものではありましょうけれども、当会においては、「宗教的なアプローチとして、ある程度、科学的に可能である」と立証できているものだと考えています。

戦争を「裁判」によって裁くことの難しさ

大川隆法　さて、極東《きょくとう》国際軍事裁判、通例、「東京裁判」といわれている裁判において、日本の戦争犯罪が裁かれたわけですが、これは、非常に異例なことではありました。

●A級戦犯、B級戦犯、C級戦犯　極東国際軍事裁判では、戦争犯罪人として、「平和に対する罪」に該当する者（戦争を計画した指導者層）をA級戦犯、「通例の戦争犯罪」に該当する者（士官〔将校〕クラス）をB級戦犯、「人道に対する罪」に該当する者（下士官、兵隊クラス）をC級戦犯に分類した。

戦争をした場合、敗戦国としては、「負けた」という事実だけでも、すでに十分な判決が下りているのと同じことです。それを、わざわざ戦争に関連した人を呼び出し、A級戦犯《せんぱん》、B級戦犯、C級戦犯と分けていきました。結局、合計したら数千人にもなったと思います。

もちろん、A級が重くて、B級、C級は軽いというわけではなく、B級戦犯であっても死刑《しけい》になっている人は数多くいます。要するに、この区別は、その人のいた位置づけによってのものであるため、A級で死刑になっていない方もいる一方で、B級で死刑になった方もそうというのです。なお、それぞれ、いろいろな国で裁かれたりもしているようではあります。

ただ、「戦争に正義があるのかどうか」という問題もさることながら、勝者が敗者を合法的に、裁判というかたちで、「平和に対する罪」とか「人道に対する罪」とかいって裁くことについては、どうでしょうか。普通《ふつう》、法律では、あとから遡《さかのぼ》って前の行為《こうい》を罪にするのはいけないことではあるのですが（法の不遡及《ふそきゅう》）、これ

●法の不遡及　新しく制定された法令を、制定前の事実にまで遡って適用しないという近代刑法における原則。実行時に合法であった行為は、事後に定められた法によって処罰されない。

に近いと思います。

しかし、実際に、「平和に対する罪」なるものをつくり出し、数年前や十年前にまで遡って言動等を捉《とら》え、裁くということをしました。はたして、これが正しいのかどうかについては、一定の疑問がないわけではありません。

例えば、ブッシュ（ジュニア）が大統領のとき、アメリカは、イラク戦争で、「大量破壊《はかい》兵器がある」と称《しょう》して攻《せ》め込んだにもかかわらず、それを見つけることができませんでした。結局、そのまま、イラク中を荒《あ》らして降伏《こうふく》させたわけです。そして、同じように「軍事法廷《ほうてい》」を開いてサダム・フセインを死刑にしましたが、最初の大義名分《たいぎめいぶん》の部分としての大量破壊兵器がなかったのであれば、逆に、アメリカのほうの誤想《ごそう》防衛、ないしは、侵略《しんりゃく》と捉えられなくもありません。

やはり、「勝ったほうが負けたほうを裁判というかたちで裁き、サダム・フセインを絞首刑《こうしゅけい》にすることが、はたして本当に正しいのかどうか」ということが言えると思うのです。

●**誤想防衛**　正当防衛の要件となる事実がないのに、それが存在すると誤信して防衛行為を行うこと。

あるいは、ベトナム戦争については、どうでしょうか。

これは、ベトナムという小国が、ゲリラ戦でアメリカに勝ったということになっています。つまり、アメリカとしては、撤退《てったい》したために、軍事的には負けたことになっているわけです。それでは、戦争に負けたからといって、アメリカの大統領を引き出し、ベトナムで裁判をして絞首刑にできるかといったら、できないだろうと思います。「なぜできないのか」といっても、やはり難しいものがあるでしょう。

確かに、国際法なるものもありますが、結局、国際法には、どうしても強者《きょうしゃ》の論理に勝てないというところがあります。要するに、軍事的強者と戦えるような法廷もなければ、国際機関もないのです。

国連にしても、今、本部がアメリカのニューヨークにあるわけですから、「アメリカの大統領以下を絞首刑にする」などと言っても、国連が襲《おそ》われて終

アメリカ・ニューヨークにある国連本部

わりでしょう。それで終わりになるので、やはりできません。

そういうことで、法治《ほうち》国家や法治主義的なものの考え方もあるけれども、実際上、力の論理は働いていて、できないものはできないわけです。

今のロシアでも、クリミア、あるいは、ウクライナで揉《も》め事がありますが、プーチン大統領を捕《とら》えて、ＥＵの法廷で処刑を決めるのは、そう簡単ではないと思います。そうする以上は、核《かく》ミサイルが飛んでくることは覚悟《かくご》しなければいけないので、やりたくても、そう簡単にはできないでしょう。非難決議はできても、それより先はできないというところはあって、非常に難しいわけです。

極東国際軍事裁判におけるパール判事の立場とは

大川隆法　極東国際軍事裁判について言うと、そもそも、「戦争というのは、そもそも、法律的なもので裁けるのかどうか」という問題があります。
また、連合国側、つまり、戦勝国だけが日本を裁いたとなると、建前《たてまえ》上あまり収まりがよくないというか、後世、言い訳が立たないため、戦勝国には入らないインドからパール判事を呼んで、加えました。しかし、実際上は、欧米《おうべい》系が日本を有罪にするためにつくった裁判ではあったでしょう。

なお、判事だけではなく、いろいろな人が手伝ってつくっていったこの裁判のなかで、パール判事ただ一人が、独力《どくりょく》で資料を集めていました。彼は、長い本を書いていますけれども、そういう戦いへと入って、非常に異彩《いさい》を放った感じになっています。

最終的に、パール判事は、「日本に戦争責任はない」という結論を出しましたし、その論理は、歴史的に事実として遺《のこ》ってはいます。ただ、一九六七年に死去《しきょ》され、あの世に還《かえ》られてから五十年弱たっているため、考えが変わっているかもしれません。あるいは、ほかの情報等を得ている場合もあります。

そこで、「当時と意見が違《ちが》うか、同じか」、さらには、「本心はどういうところにあったのか」を聞いてみる価値はあるのではないでしょうか。

ともかく、連合国側の〝アリバイ〟づくりのために、パール判事を入れたのだと思いますが、実際上は、「連合国側に裁く権利がない」ということを言ってしまった感じになり、「反対少数意見」ということになっていて、「日本無罪論」等も言っているわけです。

「戦後七十年」でパール判事の意見を聞く意味

大川隆法　「ラダビノード・パール」という名前は、英語表記では「Radhabinod Pal」であり、「パル判事」と言うべきなのかもしれませんが、日本人には発音しにくいのか、「パール」と書いている本の数のほうがやや多い感じもしますので、今日は「パール判事」とお呼びすることにします。

英語で霊言ができなくもないのですが、インドの人の話す、いわゆる〝コルカタ・イングリッシュ〟は、日本人にはかなり厳しく、アメリカ人でも話が通じない可能性の高い英語なので、今日は、極力、日本語で行こうと思います。

質問者の語学力も推定した上で、なるべく日本語でしたほうがよいのではないかと考え、そのようにお願いしようとは思っていますが、うまくいかなかった場合には諦《あきら》めてください。そのときには通訳の機能しない英語になるかもしれませんけれども、本人の気持ちは分かりますので、それを私が伝えることならできるはずです。

いずれにせよ、その内容は、質疑応答のなかでだいぶ出せるでしょうし、もしかしたら、現在の日本が抱《かか》えている問題や世界の問題にまで、意見を言ってくださるのではないでしょうか。戦後七十年を見直す意味においても、パール判事のご意見というのは、非常に貴重なのではないかと思います。

「日本無罪論」を説いたパール判事に「大東亜《だいとうあ》戦争の真実」を伺《うかが》う

大川隆法　では、前置きは短くして、そろそろ入りましょう。

先の東京裁判において、唯一《ゆいいつ》、「日本無罪論」をお説きになったインド人のパール判事を、幸福の科学総合本部にお迎《むか》えし、戦後七十年目、「大東亜《だいとうあ》戦争の真実」

について御意見を伺《うかが》いたいと思います。

インドのパール判事よ、パール判事よ。

どうぞ、幸福の科学総合本部に降りたまいて、先の戦争の真実について、あなたの信ずるところ、考えるところをお説きくださり、戦後の日本人の迷妄《めいもう》を解くに当たって、われらに何らかの力を頂ければ幸いです。

パール判事の霊よ、パール判事の霊よ。

どうか、幸福の科学総合本部に降りたまいて、われらにその本心を明かしたまえ。われらを導きたまえ。ありがとうございます。

（約三十秒間の沈黙《ちんもく》）

ラダビノード・パール（1886 ～ 1967）

「11人の判事が一堂に会したことは一度もなかった」と、その杜撰《ずさん》さが告発されている東京裁判。有罪と判定した他の判事は、その理由も証拠も何ら明確にしなかったが、唯一、無罪と判定したパール判事だけは、3年近くにわたり、昭和初期から終戦までの歴史を3千冊もの参考文献にあたって研究し、詳細な判決書をまとめた。1952年の来日時、パール判事は、広島高裁の歓迎レセプションで次のように語ったという。「私の判決文を読めば、欧米こそ憎むべきアジア侵略の張本人であることが分かるはずだ。満州事変から大東亜戦争にいたる真実の歴史を、どうか私の判決文を通して十分に研究していただきたい。日本の子弟が歪められた罪悪感を背負って、卑屈、頽廃《たいはい》に流れてゆくのを私は見過ごして平然たるわけにはゆかない。誤られた彼らの戦時宣伝の欺瞞《ぎまん》を払拭せよ。誤られた歴史は書きかえられねばならぬ」そのとき、パール判事は、すっかり魂を抜かれたように変貌してしまった戦後の日本人に対し、「日本人よ、日本に帰れ！」という痛烈なメッセージを投げかけたという。現在、パール判事の顕彰碑が靖国神社境内に建立されている（上写真）。

2 「東京裁判は、成り立たない」

東京裁判について「ひどい裁判だ」「絶対おかしい」と断言

大川真輝　おはようございます。

パール判事　うん？　ああ。うん、うん？

大川真輝　パール判事でいらっしゃいますでしょうか。

パール判事　（咳払《せきばら》い）そうです。

大川真輝　日本語で、お話はできますか。

パール判事　うーん……、たぶん。

大川真輝　はい。分かりました。まず、私《わたくし》のほうから、本日、お呼びさせていただいた理由について、はじめに説明させていただきたいと思っております。

パール判事　うん。うん。

大川真輝　今年、日本は戦後七十周年を迎《むか》えておりまして、先の大東亜《だいとうあ》戦争に関する議論が高まっている時期かと思います。

パール判事におかれましては、「東京裁判に判事の立場で入られ、判決の際には、法廷《ほうてい》の多数意見に反対されたかたちで個別の意見書を出された」ということが記録として残っております。

パール判事　うん、うん。

大川真輝　パール判事が出された「パール判決書」は、現在、日本語訳もされており、出版もされているのですが、少し分量も多く、文庫版でだいたい千五百ページほどございます。そのため、現代の日本人には少し手に取りにくいようなものになっている状況《じょうきょう》かと思われます。

パール判事　うん。

大川真輝　そういうわけで、本日は霊言《れいげん》というかたちで、「パール判事は、本心として何を伝えたかったのか」という点や、「パール判事の目には、先の日本の大東亜戦争の真実が、どのように映っていたのか」という点についてお訊《き》きしたいと思っています。

パール判事　うん、うん。"I《アイ》 got《ゴット》 it《イット》."（分かりました）

ああ……。ひどい裁判だったね。うーん……。あれはひどかったね。日本人、かわいそうだね。あれはひどい。ああいう権利はないね。あれはひどい裁判だった。一方的だね。ひどいよ。

あれをやるなら、原爆《げんばく》を落とした人にも裁判しなきゃいけない。絶対におかしい。戦争裁判で、人道や平和に対する罪を裁くなら、原爆を落とした人も、ユダヤ人をガス室で虐殺《ぎゃくさつ》したのと同じように裁かれるべきだ。両方を裁くなら、国際的に公平だけども、一方的にはおかしい。おかしい。絶対おかしい。

後世の人に「真実の意見」を伝えるために全力を尽《つ》くした

大川真輝　パール判事は、裁判の途中《とちゅう》から、あまり法廷に出られることなく、ホテルに篭《こも》り、膨大《ぼうだい》な量の本をお読みになって判決書をお書きになっていたと伺《うかが》っております。いったいどのようなことを考えて、判決書に意見を遺《のこ》されたのでしょうか。

パール判事　だから、戦勝国として占領《せんりょう》している状況だから、結論を出すことが決まっていて、そこに持っていって……。「私は〝アリバイ〟づくりに使われてるだけだ」っていうことは、もう分かってたからね。

私は、私一人の意見では覆《くつがえ》せないのは分かっていたし、〝アリバイ〟にだけ使われるのは悔《くや》しいので、「後世の人に真実の意見を伝える」っていうことが大事だから、「自分の意見をしっかりと書き遺す」ということに全力を尽《つ》くしてやったっていうことですね。

結論が決まっていて、そこに誘導《ゆうどう》していくように、（戦勝国側は）こちらにも加担させようとしてたけど、絶対おかしい、あれは。絶対おかしい。

植民地支配をした欧米《おうべい》が日本を裁くのは理屈《りくつ》に合わない

パール判事　だから……。（綾織を指して）この人？　最近、本を書かれたけども（前掲《ぜんけい》『「奇跡《きせき》」の日本近代史』参照）。

綾織　ありがとうございます。

パール判事　大東亜戦争の前は、独立国が世界に五十カ国ぐらいしかなかったのが、その後、百何十カ国かになった。今、百九十何カ国あるね？　二百カ国近く独立してるね？　これは日本が戦わなきゃ、絶対になってないよ。（欧米《おうべい》列強が）どんどん植民地にしていく流れだったので。日本が戦った結果、欧米の植民地がみんな独立した。

アメリカは、「日本が植民地戦争、侵略《しんりゃく》戦争をやった」って言うけども、その前にアメリカだって、フィリピンを植民地にしたのは歴史的事実です。「戦争裁判として、先に植民地にした人が、あとからそれを追い出した人を裁く」というのは、どう考えたって理屈《りくつ》に合わないね。「犯罪がいっぱい続いたら、最後に犯《おか》した人が裁かれて、その前の人は裁かれない」とかいうのはおかしい。

裁判長は、「そんなのは言い訳にならない。『ほかの人が犯罪をしているから、自分の犯罪は関係ない』みたいな言い方はおかしい。犯罪は犯罪で、日本を裁くのが目的だから、これをやっとるのであって、それ以外のことは問題にもなってないのだから、関係ない」って言うけど、歴史の正義に鑑《かんが》みるにやっぱりおかしいね。

だから、欧米の植民地化戦争は、もう四百年、五百年と続いていた。これは〝先《せん》輩《ぱい》〟がずーっとやってきたことで、日本人が最後に、一見《いっけん》、それに似たかに見える動きをしたら、これだけを寄ってたかって、「黄色人種《おうしょく》に権利なし。白人だけが植民地にできる」と言って、「白人は無罪が当然であって、有色人種の外国侵略は犯罪だ。平和に対する罪、人道に対する罪だ」と。

これは絶対おかしいよ。これはおかしい、絶対おかしい、絶対おかしい。資格ないね。絶対おかしいね。こういう裁判は成り立たないね。無効だね。無効！

日本国憲法自体が「人道に対する罪」「平和に対する罪」

パール判事　この無効の裁判もされたし、同時に、今問題になってる日本の憲法も、占領下において、ＧＨＱ（連合国軍最高司令官総司令部）というのが押《お》し付けた。そのまま英語で憲法を書いて、それを（日本語に）訳しただけの憲法だね。

これで、戦後七十年近く日本は縛《しば》られてるけど、（机を叩《たた》きながら）こういうのは絶対無効だよ！　この憲法も無効！

もしあったとしても、戦後の混乱期を収めるために、五年とか、十年の時限立法《じげんりっぽう》にして、「五年間はこれでやれ」とか、「十年間はこれでやるけど、その後は、自動的に破棄《はき》され、自主憲法をつくるべし」というふうなものを、付け加えておくべきだね。それなら分かる。

「戦乱で混乱しているとき、日本人ができないから、代わりに憲法までつくってやった」っていうのは分からないでもないけど、それは実は、完全に何て言うかね……。まあ、戦後、「日本人の知能は十二歳《さい》」とか言い放った人もいるけれども、そのくらいに見てる。子供扱《あつか》いした状況であるわけね。

いまだに日本人が子供だと思われてるのかどうか。これは、非常に「人道に対する罪」だと思うよ。日本国憲法自体、「人道に対する罪」だし、「平和に対する罪」だ

1945年から1952年まで連合国軍最高司令官総司令部(GHQ)が置かれた、東京都・有楽町の第一生命館。

と思うね。他人《ひと》の国家を、実際上、認めてないのと一緒《いっしょ》だからね、これはね。「刑務所《けいむしょ》に入った囚人《しゅうじん》は武装してはならない。看守《かんしゅ》の意見に従って三食を食べ、運動し、刑罰《けいばつ》を受けよ」と言われてる状況と一緒じゃないですか。だから、その〝刑務所〟から出ようとする運動は、〝平和に対する罪〟〝人道に対する罪〟であるし、〝諸外国に対する罪〟に当たるわけ。

これは永遠の〝終身刑〟だね。〝終身禁錮《きんこ》刑〟になってる状態ね。日本国憲法っていうのは、日本を〝終身禁錮刑〟にしたものだね。

だから、「戦後、ずーっとGHQのPRが刷《す》り込《こ》まれて、GHQがなくなったあとも、日本人がそれに縛られている」っていうことが、極《きわ》めて悲しい。

欧米人《おうべいじん》のような「人種差別」はしていない日本人

パール判事　私たちのインドは、やっと今、大国になりつつあるから、今後、発言力を増してくると思うけども、戦後の状態ではインドも力はなかったから、日本の弁護を十分にしてあげられなかったことは、とても残念です。私は一人で判決文を書いたけども、インドという国家に力がなかったし、まだインドも独立戦争をやっていたのでね。

日本という友人を〝死刑〟にしてしまったら、今度また、イギリスという〝悪徳商人〟が入ってきて、もう一回、占領にかかってきて、独立運動をまたやらなきゃいけなかったわけでね。

だから、日本がやったことは善ですよ。インドは二百年近くはイギリスに……。マルクスの『共産党宣言』なんていうのは、インドのために書かれたようなもので。ほんとに搾取《さくしゅ》されてたのは、インド人ですから。

日本は、台湾《たいわん》とか、東南アジアにも出ていったけど、彼らの国をよくするためにすごく頑張《がんば》って、豊かにして、彼らの平和をつくるようにして、だんだんに自治権を与《あた》えて独立させていくっていう。もう、ずっと、そうじゃないですか。満州国《まんしゅうこく》だってそうだったし、台湾だってそうだし、ほかのところもそうですよ。

日本人の場合は、そういう、欧米人《おうべいじん》みたいに人種差別をして、「おまえらは、劣《れっ》等《とう》民族だから、永遠に従え。富は全部吸い上げる」と、こんなようなことは、日本人はしてないよ。全然違《ちが》うよ。

「パール判決書」は東京裁判を引っ繰《く》り返すための〝遺言《ゆいごん》〟

パール判事　これは、歴史が逆転してるから。「将来、必ず、この東京裁判の結果は、歴史の法廷で引っ繰《く》り返される」と私は思ってたので、そのための〝遺言《ゆいごん》〟を遺《のこ》したわけよ。

今、あなたがたが、歴史を引っ繰り返そうとしてるんだと思うけどね。まあ、大きく言えば、そういうこと。個別にはいっぱい言いたいことがあるけど、まあ、あなたが言うとおり、（「パール判決書」が）千五百ページもあったら読めないね。孤独《こどく》な戦いだけど、第三国として、（「パール判決書」を）後世への資料として遺した。日本人の意見は、誰《だれ》も取り上げないからね。

それは、日本人から見れば、「インパール作戦とか、悲惨《ひさん》な戦いをして、負け戦《いくさ》をして、無謀《むぼう》な戦いをした」みたいなことを、たぶん自分たちで反省して言ってるんだけど、インドから見れば、全然違うよ。

日本人は大勢《おおぜい》死にながら、そんな悲惨な「ヒマラヤ越《ご》え」っていうか、アラカン山脈か何か知らないけど、山越えをして、食糧《しょくりょう》も水もないなか救出のために……。イギリス軍を破りに山越えしてインドまで来て、大勢死にながら戦ってくれた日本は、それは、恩人だよ。恩人よ。

だから、日本人の流した血の分だけ、われわれは感謝しなきゃいけないと思ってるよ。

インドに力がなくて、国際的発言力が足りないから、日本を弁護できないのが申し訳ない。私の反論、少数意見だけが、日本人に対する唯一《ゆいいつ》のインドの〝贈《おく》り物〟だね。

大川真輝　ありがとうございます。

3　日本の戦いは「解放戦争」だった

「大東亜共栄圏《だいとうあきょうえいけん》」の考え方は九割以上正しかった

大川真輝　先の大東亜《だいとうあ》戦争では、日本軍は「大東亜共栄圏《きょうえいけん》」という理念を掲《かか》げて戦っていたと思います。

今、あたたかいお話を頂いたのですが、その「大東亜共栄圏」という大義は、本当に正義と言えるものだったのかどうか。このあたりについて、日本人でないパール判事は、どのようにご覧になっておられたのでしょうか。

パール判事　まあ、九割以上、考え方は正しかったと思いますよ。一部、地域が広がったので、統制が利《き》いていない部分があったかもしれないけど、考えは正しいし、

大東亜戦争後、次々と欧米から独立を果たしたアジア諸国

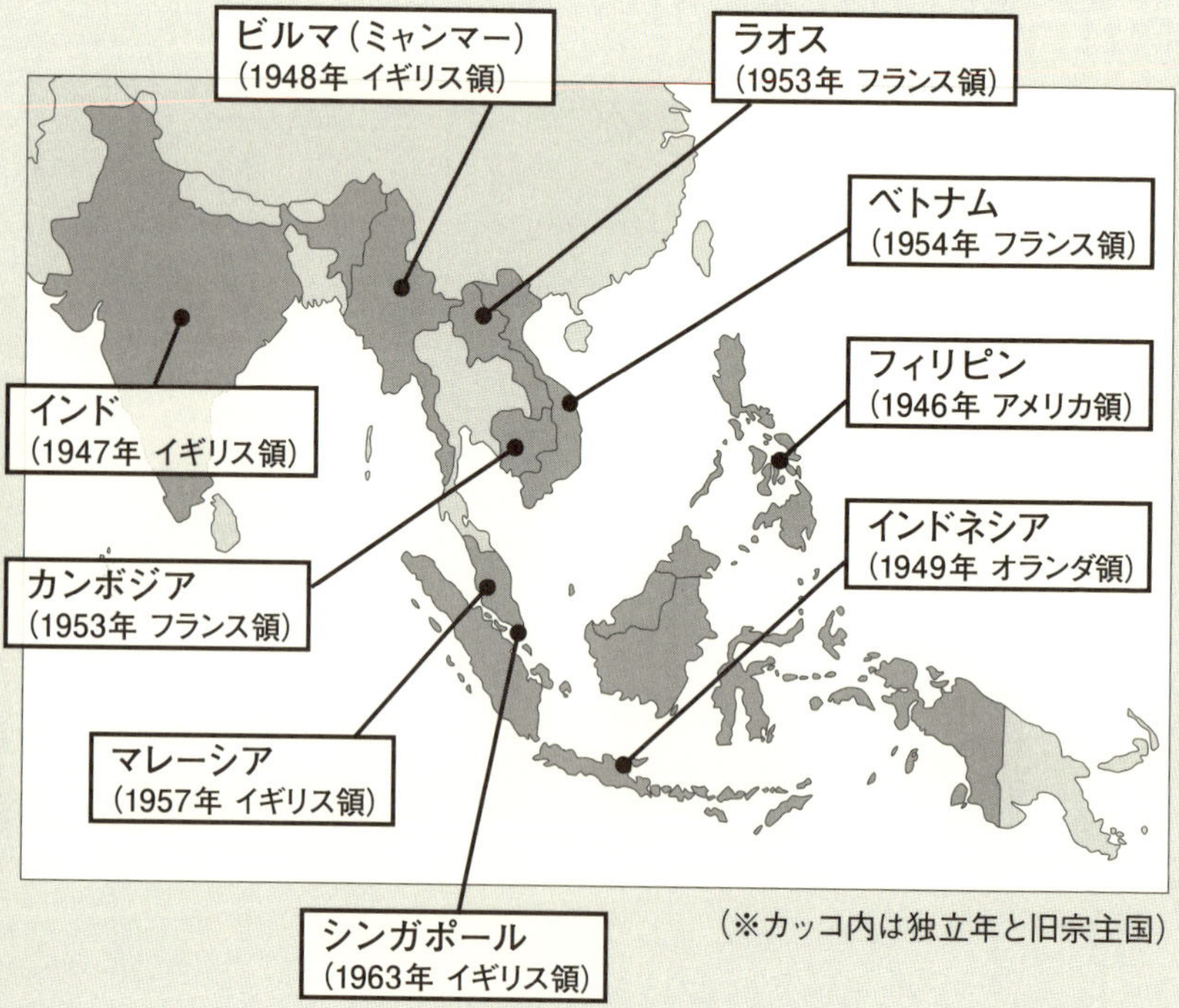

（※カッコ内は独立年と旧宗主国）

そのおかげで、インドは独立できたからね。

それから、フィリピンだって、今、独立できてるし、その他の国もね。ビルマも、インドネシアもね。ベトナムもみんなそう。

ベトナムはフランス、インドネシアはオランダ、ビルマはイギリス、インドもイギリス、フィリピンはアメリカのものだった。

「満州国《まんしゅうこく》の権益《けんえき》」が太平洋戦争の原因と思われる

パール判事「中国は日本に侵略《しんりゃく》された」ような言い方をしてるけど、その前に、イギリスやフランスやドイツ、もう、いろんな国に入られていて、アメリカは、「中国の一部は、アメリカによこせ」ということが言いたかったわけです。満州国《まんしゅうこく》の権益《けんえき》が欲《ほ》しかった。アメリカはね。

あそこに権益が欲しかったので、その申し入れもしてたのに、「日本が受けつけずに、溥儀《ふぎ》を立てて、満州国を独立させたのがけしからん」というあたりが、先の大東亜戦争の……。まあ、少なくとも「太平洋戦争」といわれる、日米の太平洋をめぐっての戦いの原因は、そのへんだろうと思うので。

アメリカに満州を共同統治させてやってたら、（太平洋戦争は）起きてない可能性が極《きわ》めて高かったと思う。そしたら〝共犯〟だからね、戦えなかったと思うけど。

「皇帝《こうてい》・溥儀《ふぎ》の意図で建国した満州国《まんしゅうこく》」は植民地ではなかった

パール判事　実は日清《にっしん》戦争で日本が勝った国は、「満州人《まんしゅうじん》の国」よ。だから、毛沢《もうたく》東《とう》の国じゃないのよ。漢人《かんじん》の国じゃなくて、満州人と戦って、満州人が敗れたために、なかで革命が起きて、満州人は追いやられて、東北地方に逃《のが》れていったんで。彼らの居留地区をつくるために、満州国を独立させた。

あとで満州国皇帝《こうてい》・溥儀《ふぎ》は、東京裁判では裏切り

溥儀　満州国皇帝。清朝最後の皇帝（ラストエンペラー）としても知られる。日本の皇室と非常に親しい関係を表明していたにもかかわらず、東京裁判の証人として出廷した際は、日本の戦争行為を糾弾。しかし、証言内容の信憑性の低さから、判決文においては引用されなかった。

の発言をしてるはずだけども、彼の意図《いと》、望んだことで、満州国は建っているはずです。日本はそれを助けたし、皇室とも対等に付き合ってたはずであるので、あれは植民地じゃないね。

だから、日本が（満州国の）独立を助けた。「あれ（満州国）が植民地だ」と言うんなら、「アメリカは（今も）日本を植民地にしている」と言ったっておかしくない。あれも誤解しているから。「権益」の問題だったと思うので、「国際正義」の問題ではないと思うね。

「日本の戦いは、明らかに『解放戦争』であった」

パール判事　中国のあたりがいちばん難しいあたりだと思うけども、それ以外のインドや、その他の東南アジア諸国での日本の戦いは、明らかに「解放戦争」であったと思う。

中国が日本を責めるのなら、（中国は）アヘン戦争以降、ヨーロッパの国々にアフリカと同じように切り取られていって、何一つ革命に成功しないで、彼らに勝てなかったのに……。日本が明治維新《いしん》で、下関《しものせき》戦争やそんなので戦って、「欧米《おうべい》強し」と見たら、近代化をして、国力を上げて、欧米と拮抗《きっこう》できる国につくり上げていった努力に対して（中国は）敬意を払《はら》うべきで、そうできなかった自分たちの怠惰《たいだ》を反省すべきだと思うね。

インドは、百五十年か二百年ぐらいイギリスの支配下にあった。この間《かん》の苦しみは、もう塗炭《とたん》の苦しみで、あなたがた（日本人）は解放者以外の何ものでもないのであって。

うーん。尊い三百万人もの日本人の命を流して、われらインド人の現在の発展の基礎《きそ》をつくってくれたのには、感謝以外ないね。

だから、われわれにとってエンペラー裕仁《ひろひと》（昭和天皇）は、解放のための〝救世主〟だったね。

4　戦勝国が裁いた「日本の罪」とは

戦争では、法治《ほうち》国家における「善悪の問題」が棚上《たなあ》げになる

綾織　先ほど、大東亜共栄圏《だいとうあきょうえいけん》の考え方について、「九割は正しい」というお話だったのですが、残りの一割の部分は、やはり、「中国大陸における日本軍の行動」ということになるのでしょうか。

パール判事　裁判の全文は、あなたがたも目を通しておらんけど、個別に見たら、これは「戦争的な問題」というよりは、「警察的な問題」だね。警察的に住民の自治について判断したときに……。まあ、普通《ふつう》の警察権で判断した場合は、罪に当たる行為《こうい》も、一部には見られたということはあると思うんだ。

ある町や村に軍隊が駐留《ちゅうりゅう》することで、例えば、食糧《しょくりょう》調達とかいえば、一般法《いっぱんほう》で略奪《りゃくだつ》に当たること、「農家に行って、農家の食糧を集めてくる」みたいなことは、軍隊の数から見て必要なだけ集めてきたりしてるし、その過程で抵抗《ていこう》した人は、もちろん殺したり、場合によっては暴走して、若い軍人とかが婦女子に対して乱暴を働いたことも、一部は散見《さんけん》される面はあるけれども。

大まかに戦争というものを見た場合に、ヨーロッパ戦線で見ても、「ドイツだけが全部犯罪を犯《おか》して、イギリスやアメリカやフランスは、何にも犯罪を犯してないか」って言ったら、そんなことはないのであって。攻《せ》め込《こ》んだほうは相手に対して、それはもう、お互《たが》い非道《ひどう》の限りを尽《つ》くしているのでね。これはね、うーん……、(日本の罪を)言えないですよ。

だから、軍事において、「戦争」ということになった場合は、いわゆる警察的な意味での、法治《ほうち》国家における「善悪の問題」は、ちょっと棚上《たなあ》げにしなければいけなくなってくる。もう一段、大きな大義がぶつかり合っているので、その大義の下《もと》に戦っている人たちには責任がないのよ。

古代インドにも遺《のこ》っている、「戦争と平和」に関する神の教え

パール判事　伝統的に、インドもそういう考え方でね。

あなたがたも、たぶん知ってるとは思うけども、古代のアルジュナとクリシュナの話ね。古代インドで戦争をするときに、敵側が自分の親族・親戚《しんせき》の方々だったので、「親族と戦わなきゃいけない」ということを、宗教的な魂《たましい》である勇者アルジュナはとても心労して、「戦いは悪ではないのか」ということで悩《なや》む話があるんだけれども、インドの古典にはね。

それに対して、クリシュナっていう、御者《ぎょしゃ》に成り代わった神が、「使命を果たせ。正義の使命

叙事詩『バガバッドギーター』に登場する英雄アルジュナ(左)と、いとこで友人のクリシュナ(右)。クリシュナは常にアルジュナのそばについて守護したという話が遺っている。

を果たさなければいけない。その使命の下には、そうした大きな神の大義のときには、親族であるとか、親子、兄弟であるとかいうような、この世的に守られるべき民法的な関係や、あるいは、刑法《けいほう》的な関係も考慮《こうりょ》しないで、軍人として使命を全《まっと》うすることが正義なんだ」というようなことを説いている（『バガバッドギーター』参照）。

そういう教えが、古代のインドにも遺《のこ》っていますね。これが、「戦争と平和」に関する神の教えとして遺っているものですね。

だから、そういうふうな戦争が起きるまでは、外交的交渉《こうしょう》はいろいろあろうし、意見もあろうけれども、いったん戦争が始まった場合は、それに属している兵隊のみなさんがたは、いわゆる、警察的な意味における刑法犯等で問われるべきではないと思う。

乃木《のぎ》将軍が示した「武士道」の精神に見る、日本の立派さ

パール判事　あまりにも常軌《じょうき》を逸《いっ》したことをやった場合には、ちょっと別途《べっと》の問題

はある。

例えば、軍規を乱して、それに反することをやって、勝手に、捕虜《ほりょ》になった人たちを弄《もてあそ》んで、面白《おもしろ》半分に殺したりするようなことを、いっぱいしたりする場合は、たぶん、軍隊のなかでの軍規による処罰《しょばつ》があったと思うので、それで考えるべきであろうとは思う。

ただ、戦争に勝った者が、あとで全部、個別の案件を警察的にほじくり出して、それをまとめて国家犯罪に結びつけていって、実際上、手を下《くだ》していない人たちも、「大将だとか、大臣だとか、首相だとか、そういう位置にいたから、みんな処刑にする」というようなことは、やはり、あなたがたの国の言葉で言えば、「武士道に悖《もと》ること」じゃないかな。

例えば、日露《にちろ》戦争で、降伏《こうふく》したロシアのステッセル将軍が、負けて捕虜になるので、軍刀を外していたところを、

旅順攻囲戦で日本陸軍に敗れたロシアのステッセル将軍（左）に対し、軍人の矜持を尊重して接した乃木希典大将（右）。

乃木《のぎ》将軍は、「腰《こし》に着けてください」と言って、司令官として対等の立場で会った。あの姿を見れば、「日本という国が、いかに立派であるか」がよく分かる。それに比べて、欧米《おうべい》諸国の卑劣《ひれつ》さは、もうこの上ない卑劣さだと思うね。

戦後のアジアの平和は「神の銃弾《じゅうだん》」として戦った侍《さむらい》たちのおかげ

パール判事　私自身も、裁判官をやってたけれども、実際に、インド独立戦争に一部加わったこともあるので、チャンドラ・ボースとかも知ってるし、それを助けていた日本人たちも知ってる。日本人は利益のためにやってたわけじゃない。インド人をかくまって支援《しえん》していてくれたけども、利益のためじゃない。

つまり、「大東亜共栄圏」っていうのは、まっ

1943年、東京で開かれた大東亜結集国民大会で演説を行うインドの独立運動家、スバス・チャンドラ・ボース（中央）。

たく、そういう自分たちの利益のために、建前《たてまえ》上つくられた宣伝文句《もんく》じゃなかった。本気でやってたところがある。

だから、私も悔《くや》しいし、特攻隊《とっこうたい》とかで散っていった人たちも、「無駄死《むだじ》にした」みたいに言われているのは悲しいです。それは「神の銃弾《じゅうだん》」だと思う、私はね。本当にそう思う。自分の命を犠牲《ぎせい》にして、正義の戦争をやったんでね。

（日本は）戦争に負けたかもしれないけども、成し遂《と》げたことは多いよ。戦争は、ミズーリ号での調印で負けたことになったし、その後、裁かれたことで、自虐《じぎゃく》史観があるとは思う。

でも、解放された国はたくさんあるよ。おかげで、戦後、（欧米諸国は）植民地をつくれなくなったよ。ねえ？　日本は敗れたけども、おかげで、「有色人種の国を勝手に植民地にして、（その国の人たちを）奴隷扱《どれいあつか》いしてもいい」っていうことは、できなくなったよ。

それは、あなたがたが、イギリス、フランスを蹴散《けち》らし、そして、アメリカの太平洋艦隊《かんたい》と、もう三年半にわたって激闘《げきとう》を繰《く》り返して、彼らの航空母艦や戦艦をたくさん沈《しず》め、B29をいっぱい撃墜《げきつい》し、さまざまな島で、米海兵隊を壊滅《かいめつ》状態にまで追い込むほどの死闘をやった、この成果ですよ。

そうした人たち、侍《さむらい》たちが戦って死んでくれたおかげで、アジアの平和が戦後護《まも》られているんであって、「戦勝国たちがアジアの平和を護っている」というのは、傲岸不遜《ごうがんふそん》な言い方ですよ！　間違《まちが》ってます。

インドが独立できたのは、「大東亜《だいとうあ》戦争に正義があった」から

里村　現代の日本では、パール判事の判決について、「判事はあくまで法律に基《もと》づいて判断したのであって、別に、『日本を擁護《ようご》しよう』とか、そういうつもりではなかったのだ」ということを言う方もいらっしゃいます。

しかし、今のパール判事のお言葉をお伺《うかが》いしますと、やはり、判事としては、「日本が行《おこな》った先の戦争には、大義を死守する考えがあった」というように考えら

れていると理解してよいということですか。

パール判事　正しいもの！

里村　なるほど。

パール判事　だって、もし日本が戦わなかったら、インドは、まだ植民地のままですよ。間違いない。だって、イギリス軍を撃退できなかったんだから。

ガンジーは、「非暴力」「無抵抗主義」で独立したことを讃《たた》えられているし、それは立派なことだと思う。日本も戦後、「そういうふうにやりたい」と思っているだろうと思うし、私も「そういう道がある」ということは言ったこともある。

しかし、それは、「日本軍がイギリスのプリンス・オブ・ウェールズ等の戦艦を撃沈《げきちん》してみせた」ということに対する、インド人の反応を十分知らないからよ。

「イギリスの不沈《ふちん》戦艦が沈められて、チャーチルが腰を抜《ぬ》かして、もうご飯《はん》が喉《のど》を通らなくなった」っていう、そのショックを知ったインド人たちは、「アジア人が、こんなことができるんだ！」っていうことを知ったわけ。

だから、戦後、（ガンジーが）「無抵抗運動」で、「非暴力」「無抵抗」でやったこと自体は偉《えら》いと思うけど、そういうことは、過去二百年間できたのよ。やったけど、それでも独立はできなかったのよ。

独立できた理由は、やはり、そうは言っても、日本の「大東亜《だいとうあ》戦争の正義」が背景にはあったのよ。

日本のその意見をみんな認めないけど、（日本が）解放戦争としてやったということが頭の裏にあるから、「自分たちも植民地支配してたことは一緒《いっしょ》だな」と思って、それを肯定《こうてい》できなくなってきていた。だから、戦えなかったわけね。最初は、イギリス人も、インドの抵抗・革命勢力に対して、銃殺したりしてたけど、だんだんに、「自分たちに善がないんじゃないか。正義がないんじゃないか」ということが分かってきた。

大勢のアメリカ兵が「ベトナム戦争」の正義を疑い、発狂《はっきょう》した

パール判事　これは、ベトナム戦の最後と一緒だよ。（ベトナム戦争では）アメリカ人の兵隊のほうが発狂《はっきょう》していった。帰国して発狂した人もいっぱいいるけど、ノイローゼになった人もいっぱいいる。「武器も持たない、編み笠《がさ》を被《かぶ》った農民たちを殺している自分たちは、本当に正義なのか」って疑った。良心に照らして考えれば、それはそうだろうよ。「そんなことが、いいのか」と。

ベトナムなんか、あまりにも後進国すぎて、もう原爆《げんばく》さえ落とせなかった。落とすところがないんだから。それは、発展した大都市があれば、原爆を落とせるけど、そんな農村なんかに落としたって、もう原爆が惜《お》しいからね。そんなものを落としたって、人口がまばらですから。日本は大都市があったから落とせたけどね。

パール判事が「日本人の考えていること」を理解できたわけ

パール判事　だから、日本は、すごく自分の身を犠牲にして戦ってくれた。私は、日本の英霊《えいれい》たちは、やはり祀《まつ》られるべきだと思うし、「今日（六月二十三日）は沖《おき》縄《なわ》戦の終戦記念日だ」と言っていましたが、沖縄もたいへん多くの方、二十万人ぐらいの方が亡《な》くなったのかもしれないけども、本当に、インド人の代わりに亡くなったように私は思っているのでね。

私は数学者だから、論理的にものを考えるので、「感情を抜きにして、裁判として法律的にだけ考えた」っていうこともないわけではないけど、背景には、アメリカの二百年の歴史じゃなくて、インドの数千年の長い歴史のなかにおける、神々の教えや歴史に照らして、日本人が考えたこと、日本人の歴史観、正義感を見たときに、その考えていることが分かったんですね。

だから、「これは、何としても意見を述べねばならない」と思ったね。

挙げられた証拠《しょうこ》から、「国家犯罪」とするには無理があった

パール判事　（東京裁判では）証拠《しょうこ》が出てきているようなものは、だいたい「ギルティ」（有罪）と言っているんでしょう。

まあ、警察的に判断すれば、平穏《へいおん》な街でやったことに対して、軍隊だと知らなければ、普通の警察が捕《つか》まえたりするようなことは、あったんではないかとは思うけどね。それは、全部は取り締《し》まれなかったとは思うけれども。

軍規に照らせば、確実に、全部、そういうことは行われていないとは思うけれども、戦場においては、必ずしもそうはいかない面は、やっぱりあったしね。

それから、「通常の、銀座《ぎんざ》の通りで撃《う》ち合いがあって、殺し合いがあった」っていう話とは違うので。戦場では、敵がいっぱい潜《ひそ》んでいるからね。それは、やっぱり、軍隊だって恐怖《きょうふ》してるから。

「疑わしい」と、あるいは、「敵のゲリラじゃないか」と思うようなものに対して

発砲《はっぽう》したことはあって、それが誤想《ごそう》防衛であった面も、一部、あったかもしれないけれども、やっぱり、挙げてる証拠から見て、国家犯罪や、そこまで裁く材料にするには無理があると思ったね。

里村　なるほど。

5　連合国側に「正義」はあったのか

常に「神の正義とは何か」を背後に感じているべき

大川真輝　先ほどから、「国際正義」ということに関してお話を頂いているように感じています。

そこで、国際法上の話に少し入るのですが、「国際法では、戦争行為《こうい》自体が禁止されているわけではない」ということが前提としてあったと思います。

しかし、「その戦争の中身が〝侵略《しんりゃく》戦争〟であったのか。それとも、〝自衛のための戦争〟であったのか」というあたりが、論点として一つございます。

生前のパール判事は、例えば、日本が〝自衛のための戦争〟を行った証拠《しょうこ》として、「ハル・ノート」の存在を挙げられ、「こんなものを押《お》し付けられたら、たとえどんな小国《しょうこく》でも、武器を取って立ち上がっただろう」というようなお言葉を遺《のこ》されておりますけれども、そのあたりに関して、お言葉を頂ければと思います。

パール判事　いや、これはねえ（ため息をつく）……、立場を変えれば、みんな「自衛のための戦争」になるんでね。もう、「客観的に、それを判定する」っていうのは無理ですよ。

例えば、今で言えば、ＥＵがロシア制裁を始めたら、プーチン大統領は、「核《かく》ミサイルを四十基以上追加配備する」とか言ってますけど、あれだって自衛のためなんですよね。侵略じゃない。

だから、「自衛か、侵略か」っていっても、判定はとても難しいし、ＥＵやウク

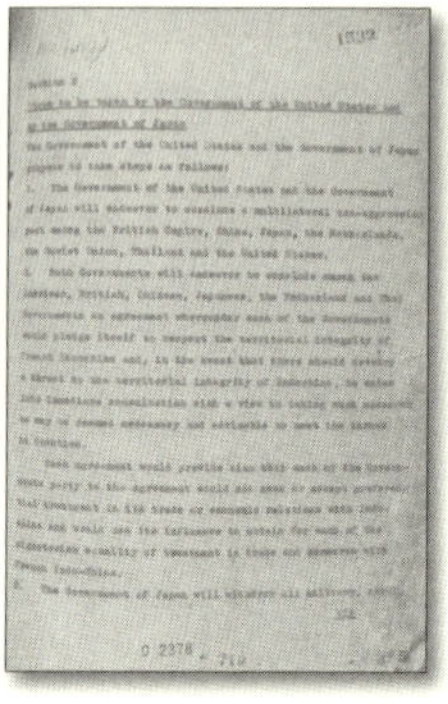

ハル・ノート　太平洋戦争直前の日米交渉で、アメリカ国務長官コーデル・ハルが日本側に提示した交渉文書。日本の、中国およびインドシナからの全面撤退、日本が支援する汪兆銘政権（中華民国国民政府）の否認、日独伊三国軍事同盟の事実上の廃棄などを要求し、日本にとって最後通牒に等しい内容だった。（右写真：ハル・ノートの一部）

ライナから見れば、「ロシアがクリミアを侵略した」ってことになるわけだけど、ロシアの側から見れば、「ロシア人が八割もいるところ（クリミア）で独立されたら、（ウクライナから）大変な迫害《はくがい》を受ける」っていうことで、（クリミアの）保護に入った。

保護に入って、自衛したつもりでいるところはあるだろうから、このあたりは、永遠に、なかなか埋《う》まるものではないところはあるわね。

だから、みんな言い分《ぶん》はある。それは、言い分はあるし、歴史の流れのなかでは、やっぱり、優勢国家としての見解、あるいは、連合した場合に優勢なところの見解が勝利するのは、歴史上、そのとおりなんだけど。われわれは、常に、「神の正義とは何か」ということを、背後に感じてなければいけないと思うね。

「キリスト教的正義」は「神の正義」とイコールなのか

パール判事　もちろん、彼ら（欧米人《おうべいじん》）の正義の背後には、「キリスト教的な正義」

があるんだと思うけど、私は簡単には許さないよ。簡単に許さない。キリスト教的正義といっても、神の正義とイコールだとは、私は簡単には認めない。

例えば、スペイン、ポルトガルあたりから始まった侵略の歴史と、カトリックの宣教師たちは一体で、アフリカ、アジアを占領《せんりょう》していきましたね。宣教師は、もう（侵略と）一体だったと思うのよね。

要するに、「軍事的に占領して、宗教的に改宗をさせ、統治下に置く」っていう洗脳行為が、カトリックの行動原理だったと思うね。

それを、少なくとも五百年肯定《こうてい》してきたバチカン、ローマ教皇庁、これだって神の法廷《ほうてい》から見れば、絞首刑《こうしゅけい》に値《あたい》する。歴代法王は絞首刑にしなきゃいけない可能性だってある。日本の天皇だって、そういう可能性はあったかもしれないけど、あっちだって、その可能性はあるよ。スペインやポルトガルによる、中南米の虐殺《ぎゃくさつ》から、その国を滅《ほろ》ぼすところまで、やってるじゃないですか。

王様が（スペイン人やポルトガル人を）「神の使者か」と思って、金銀財宝を全部持ち出して、平和のつもりで出したら、「取るものは全部取って、皆殺《みなごろ》し」っていうようなことをやって、国を滅ぼしてるじゃないですか。国を滅ぼすまで、自分らはやって、その流れが、ずっと連綿と何百年も続いてたわけです。四百年以上続いてたわけですからね。

「八紘一宇《はっこういちう》」の精神は、侵略《しんりゃく》主義とはまったく関係のないもの

パール判事　これを、誰《だれ》かが立ち上がって、止《と》めなければいけなかったわけですから、日本が立ち上がったんでしょう？　日本の神々が、「大東亜共栄圏《だいとうあきょうえいけん》」という、〝環《かん》太平洋のＥＵ〟みたいなものをつくろうとして、アジアの人たちの独立を求め、そして、同胞《どうほう》として、友達として扱《あつか》おうとしていましたからね。そういう意味だからね。

「八紘一宇《はっこういちう》」などというのも悪い意味で使われるけども、その日本の神武《じんむ》天皇のお言葉は、「みんな同胞だ」ということだね。

だから、日本の国も、統一大和《やまと》朝廷ができるまで、各国・各地で豪族《ごうぞく》が争ってやってたけど、統一の暁《あかつき》には、やはり、「みな日本人として、同胞だと思って仲良くしていこう」っていうのが、八紘一宇の精神だから。八紘一宇を掲《かか》げていたことは、侵略《しんりゃく》主義とはまったく関係のないことで、これについては、先の（東京裁判での）軍事法廷も、罪に問うことはできなかったと思われるけどね。

だから、ちょっと〝嘘《うそ》つき〟がいる。被害妄想《ひがいもうそう》で嘘つきの国や国民がいるんでね。それが災《わざわ》いしてると思うけど。

韓国《かんこく》は相手を責める前に、自分たちのことを反省するべき

パール判事　昨日《きのう》、日韓《にっかん》国交正常化五十年の何か（式典）をやっていたけどね（注。六月二十二日、在日韓国大使館とソウルの日本大使館が主催《しゅさい》した日韓国交正常化五十年を記念する式典に、安倍《あべ》総理と朴槿惠《パククネ》大統領がそれぞれ出席し、関係改善に意欲を示した）。

中国もそうだけど、韓国も、もう徹底的《てってい》に相手の非をあげつらって、自分たちのことは、まったく棚上《たなあ》げして何にも言わないで、「相手が悪い」とばかり言い続けるっていう。この国柄《くにがら》に翻弄《ほんろう》されてるところは、そうとうあるね。

日韓併合《へいごう》は、この大東亜戦争と関係ないね。その前の話だね。あの当時は、（日本が）日清《にっしん》・日露《にちろ》の戦争に勝って、欧米諸国も、「アジアの統治、間接統治を日本に任す」という風潮で、国際世論《せろん》だったんでね。

その段階で、「日本国の明治の初代総理大臣・伊藤博文《いとうひろぶみ》を韓国人が暗殺した」っていうことに対して、（殺されたのが）アメリカのブッシュ前大統領だったらどうするかっていうと、それはもちろん、国を占領するでしょう。軍隊を送って滅ぼしますね。朴大統領が、そのときにいたとしたら、朴大統領は絞首刑《こうしゅけい》でしょうね。それか、銃殺《じゅうさつ》になっているでしょう。

（日本が）そういうことをしなかった代わりに、韓国は日本の保護下に置かれたわけだけど、ただ、それは植民地ではなかったはずで、日本人と対等の立場でやられていた。韓国には、実はそれだけの罪状があった。

すでに、極東の不安定要因として存在していて、ロシアや中国にも、何度も揺《ゆ》さぶられ、主権が事実上ない状態が続いているところだったんでね。いつも、どこかの属国になって、自分の生存を確保していた国だね。

つまり、（韓国というのは）今の日本の〝平和勢力〟が、もうどこかの属国になってでも生き延びようとしているのと、よく似たメンタリティーだったと思う。だから、自分たちのことも、ちょっと反省したらどうかと思うね。相手を責めるだけでなくてね。

例えば、今のアメリカ大統領を暗殺したら、それは国を取られるよ、絶対に。これは、国際正義よ、今でも。絶対そうなるよ。許さないよ。海兵隊が、即《そく》上陸、占領するね。だから、絶対、今の韓国の政府高官だって殺されるよ、裁判でね。あっという間にやられるよ。変わってないよ。

やっぱりね、日本はディベートが下手《へた》だからね。「負けたら言い訳しない」っていう武士道精神は潔《いさぎよ》いけど、理解されてないね。

理解されてなくて、みんな「言い訳するもんだ」と思ってるから、「言い訳しない」っていうことで、「罪を認めた」と。サイレントであることが、「罪を認めた」ということになってるわけね。

だから、そのへんについては、ちょっと、私らが、少しでも言ってやらないといけないと思う。

里村　はい。

「一つの中国」など存在したことはない

里村　今、「パール判決、あるいは、パール判事をどう見るか」ということで、現代も論争が続いていますが、それに関する非常に重要な論点について、お伺《うかが》いしたいと思います。

パール判事　うん。

里村　パール判事は、その判決のなかで、「いわゆる罪刑《ざいけい》法定主義に反する裁判、あるいは、ポツダム宣言受諾《じゅだく》に伴《ともな》う裁判であるにもかかわらず、アメリカとの戦争以前のところまで遡《さかのぼ》って、裁判で管轄《かんかつ》している問題、あるいは戦争責任を個人に帰《き》することはできない」という観点から、二十五人の被告に対して、「無罪」という判断を下《くだ》されました。

パール判事　うん。

里村　これに対して、今の日本では、「しかし、パール判事は、満州国《まんしゅうこく》建設など、『日本がアメリカとの戦争前に行った一部の行為に関しては、問題があった』という考えを持っているので、被告の無罪は述べたけれども、決して日本無罪論ではないのだ」というように、パール判事の判断を批評する向きもあります。

そのように、「『日本は無罪ではない』という考えを、判事は述べたかったのだ」と言っている人が、いまだに日本にもいるのですが、これについては、いかがでしょうか。

パール判事　「大東亜戦争」っていうのは、一九四一年以降のことを言うのであってね。

里村　はい。

パール判事　それ以前にも、中国内陸部等で戦いはあったけど、それについては、国際社会がずーっとウオッチしていたわけです。

里村　そうです。

パール判事　それで、「日本が悪だ」とは言っていなくて、認めていたんであってね。

それを、あとから次の戦争の結果に付け足して、全部、遡《さかのぼ》って犯罪人にするっていうのも問題だし、その当時、まったく統治権を持っていなかった国、つまり、中国が、戦勝国として、それに意見を言ったりするようなことにも、問題があったんじゃないかなと思うね。

例えば、南京《ナンキン》だって、汪兆銘《おうちょうめい》政権も立っていた。だから、日本は、中国人だって受け入れてやってたこともあるしね。今は、このへんの歴史が、かなり捻《ね》じ曲

汪兆銘政権　汪兆銘（上写真）を首相とする中華民国の政権（1940～1945）。汪兆銘は日本の支持を受け、蔣介石の重慶政府とは別の国民政府を南京に樹立、日本との和平の道を求めた。

がってはいるんだろうと思うけどね。

要するに、「一つの中国」なんて、存在したことがないんだっていうことなんですよ。

中国には、いろいろな王朝があっただけで、「一つの中国」はないんです。いつも、中国のなかにあるいろいろな民族が支配者になって、ほかを弾圧《だんあつ》する。この繰《く》り返しですよ。

中国も、そうした、何て言うかな。日本で言うと、いろいろな藩《はん》があるなかで、優勢になったところが国を支配し、交代するみたいな感じかな。〝戦国時代〟が、ずっと続いているので。そのへんを理解してないところはあるね。

今も、「一つの中国」のふりをしてるけど、明らかに、〝大きな弾圧〟を伴《ともな》っているね。

里村　はい。

6 「東京裁判史観」が影響《えいきょう》した「安保《あんぽ》法制」騒動《そうどう》

「東条《とうじょう》はヒットラーと同じだ」と決めつけていた連合国

綾織　今の日本人の多くは、東京裁判史観を、そのまま受け入れてしまっています。

また、Ａ級戦犯《せんぱん》については、特に靖国参拝《やすくにさんぱい》問題がかかわっていて、「Ａ級戦犯が祀《まつ》られている以上、首相なり天皇陛下《へいか》なりは、参拝してはいけない」という議論も、非常に多く見られます。

こうした、「日本人が東京裁判を疑わない」というようなことが、戦後七十年たっても続いているこ

東京裁判においてＡ級戦犯として判決を受けた東條英機元首相（写真中央）。

とについては、どのように見られていますか。

パール判事　日本人は、本当に大丈夫《だいじょうぶ》かな？　心配ね。

A級戦犯は、「A・B・C」の「A」なんだけど、「Forever《フォーエバー》」の「永久《えいきゅう》」、つまり、「人類の終わりまで永久に戦犯だ」って言われてるように勘違《かんちが》いしてるんじゃないかな。もしかしたら、今の日本人の学習力では、もう「A級戦犯」って書けないんじゃないのかな。たぶん、「永久追放」と同じ「永久」と思っているんじゃないかな。

でも、そういう意味じゃなかったし、A級戦犯のなかにも、本当に、まったくの濡《ぬ》れ衣《ぎぬ》という人もいたんだけど、非常に強引《ごういん》なこじつけを、いろんなところでたくさんやられてるからね。

欧米《おうべい》にとっては信じられないんだね。例えば、東條英機《とうじょうひでき》が、「連合艦隊《かんたい》が真珠湾《しんじゅわん》の方面に向かっているらしいということを、（一九四一年）十二月の二日か三日ぐらいに初めて知った」ということを言っても、「そんなはずがない。そんなのは偽《ぎ》証《しょう》であって、自分が計画してやったに違いない」と、こう考えるわけよ。「東條は、ヒットラーと同じだ。ヒットラーなら、全部、自分の命令でやってるはずだから」という。

だけど、当時、彼（東條英機）は陸軍大将だから、「海軍が極秘《ごくひ》任務でやってたので、実際に、艦隊が動いて行っているのは知らなかった」って言っているのを、連合国側は信じられないわけよ。

アメリカ時間で十二月七日、日本時間で十二月八日、ハワイ攻撃《こうげき》が行われているのに、東條が、「どうやら、海軍の連合艦隊が、ヒトカップ湾のほうからハワイ周りに行っているらしい」ということを知ったのは、十二月に入ってから、つまり、十二月の二日か三日ぐらいだった。そのころに、「どうやら動いているらしい」っていうことを初めて知ったけど、「海軍の案件だから」って、委細《いさい》は知らされていなかったという。

こんなことは、彼らには理解ができなかったので、「嘘《うそ》つけ。この嘘つきが」と思っていたと思うけど、実際、そのとおりだったんで。

天皇陛下も、（開戦の）ギリギリまで、「和平はできないか」ということで言っていたし、外務省のほうも、いちおう、そういう交渉《こうしょう》はしていたところもあるので、意思決定が、まだはっきりとはできていなかった。

パールハーバー攻撃だって、もし、和平が成り立ってたら、そのまま引き返すという条件付きで出ているものだったのでね。

だから、「東條は、最初から、ヒットラー的に野心で、侵略《しんりゃく》するつもりで攻撃をかけようと思っていた」っていう論理は、実は成り立たない。

「真珠湾攻撃《しんじゅわんこうげき》」を事前に知っていたアメリカ

パール判事　真珠湾攻撃《しんじゅわんこうげき》については、「奇襲《きしゅう》攻撃だった」とも言っているけどね。

まあ、（アメリカは）インディアンに奇襲された、昔の思い出があるんだろうとは思うけれども。いや、「インド人」という意味じゃなくて、ネイティブ・アメリカンのインディアンね。たぶん、騎兵隊《きへいたい》がそれに奇襲された思い出が残ってるんだろうと思う。「アラモの砦《とりで》」みたいな感じで思ってるんだろうけど、すでに、ハル・ノートを突《つ》きつけた段階で、日本を追い込《こ》んでたのは分かってるし、もうその前から始まってたよね。

ハル・ノートを突きつけて、それから、日本は八十パーセントの石油をアメリカから輸入していたのにもかかわらず、これを禁輸した。

そうしたら、絶対に暴発することは分かってたんですよ。これでは、戦艦も動かなければ、ゼロ戦も飛ばない状況《じょうきょう》になるからね。つまり、戦わずして勝てる状況だよね。

アメリカは、「そうすると、日本は、石油の備蓄《びちく》が少ないから短期決戦に出る。まずは、それ（石油）を取りに出るだろう。石油が出る東南アジアに奇襲攻撃をかけてくる」っていうことを、だいたい予想して、作戦を立てていたよね。石油が出るところを取りに入るだろうと思っていた。

そちらのほうに先に来ると思っていて、それで注意はしてたんだけども、まあ、確かに、ハワイのほうに来るというのは、作戦的には、奇襲ではあったよ。

ただ、（アメリカは）すでに無線を傍受《ぼうじゅ》していて分かっていたからね。

日本（大使館）のほうが（宣戦布告《ふこく》の）暗号を解読して、英語に打ち直して出すのに、一時間か、一時間半か遅《おく》れたっていうことが、後々《あとあと》、問題になってるんだろう。それも、「わざとやったんだろう」と思われてるんだろうけども、アメリカは、開戦の一時間以上前には、もうとっくに解読が終わっていた以上、それは、もう公然の事実なので、奇襲とは言えない。もう準備してて、やられたんだから。日本を見くびっていたっていうことは事実だろうけれども、現実に、事実上、知ってた。知っていた以上、やっぱり、奇襲とは言えないのであって、自分たちの怠慢《たいまん》と言うべきだと思うね。

日本の憲法学者を〝全員クビ〟にすべきである理由

綾織 「今の日本人は大丈夫か」とおっしゃいましたが、今まさに、国会で、安全保障法制の論議が進んでいます。先ほどのお話では、「日本は刑務所《けいむしょ》の囚人《しゅうじん》である」というお話でした。

パール判事 そうだよ。そうだよ。

綾織 それが、戦後七十年たっても続いていて、いまだに、それを維持《いじ》しようという人たちがたくさんいます。

パール判事 日本の憲法学者は、みなクビだよ。

綾織　はい。

パール判事　狂《くる》ってるから、クビにすべき。

綾織　はい。

パール判事　全部クビ。退官させなきゃ駄目《だめ》ね。洗い替《が》えしなきゃ。新しい人に替えないと。憲法を新しくして、憲法学者も新しくつくり替えないといけない。みんな、刑務所から出てきたような人ばかりがやってるから。「刑務所から出てきた人が、刑務所の監督《かんとく》や囚人の監督をしてる」っていうのが、今の状態だ。これでは全部、全滅《ぜんめつ》ね。

なんで駄目かというと、日本国憲法は、「主権在民」、つまり、「主権は国民にある」とか言ってるけど、憲法九条の「戦争権の放棄《ほうき》、及《およ》び、軍備、陸海空軍の放棄」っていうことは、これは「主権の放棄」なんですよ。

あらゆる国にはね、軍隊によって自国を防衛する権利があるんです。自国を防衛する権利が明記されていない憲法を持ってるっていうことは、「憲法のなかで主権を放棄されている」ということなんですよ。憲法学者なら、これが分からなければおかしいです。

自国軍によって自国を防衛することができない国は、「主権がない国」ということですよ。

「主権がない国」で、「主権在民」ということは、国民も主権を放棄したということで、これはもう、完全に、「奴隷《どれい》国家」「隷属国家」、あるいは、よく言って、「半主権国家」、半分主権を持ってる国家です。

これは、「かつての朝鮮《ちょうせん》半島みたいな、どこかに隷属《れいぞく》しないと生きていけないような国になって、生きていくことを決意した」と言ってるのと同じなので、これが屈辱《くつじょく》的な憲法であることが分からないなら、憲法学者を辞《や》めなさい。

里村　はい。

「今の日本国憲法は、〝完全武装解除憲法〟だ」

パール判事　どこの国だって、どんな小さな国だって、防衛する権利はあるんですよ。明確に、防衛する権利はあるんです。

台湾《たいわん》だって、中国からは国家であることを否定されていたり……、まあ、台湾を国家として認めてる国は少ない。二、三十カ国しかないかもしれないけども、軍隊によって堂々と防衛してるわけだし、イスラエルみたいな小さな国だって、防衛はしっかりしてます。

これは、家であれば、盗賊《とうぞく》に入られないように戸締《とじ》まりをするということと同じことでありますので。「誰《だれ》もが合鍵《あいかぎ》を持っていて入れる」とか、「自分の家に鍵をかけてはならない。ドアを開けっ放《ぱな》しにしておかなきゃならない」とかいうのでは、家庭としての自立はないわね。

里村　ええ。

パール判事　例えば、親が持ってる家のなかに住まわせてもらっている息子夫婦《むすこふうふ》、娘《むすめ》夫婦だね。家のどこかの一室を借りて住まわせてもらってるけど、玄関《げんかん》の鍵は親が持ってるという、間借り人《まがりにん》みたいな感じかな。

マンションでも、みんな鍵は独立して持ってるでしょう？　もし、そのマンションの鍵を、ほかの人が自由に使えるというのであれば、これは独立した家庭とは言えないわね。完全に支配下にある。

あるいは、暴力団の支配下にあって、いつでも家に入って来られると言われたら、これは、独立したあれじゃないね。精神的には奴隷状態だね。

里村　はい。

パール判事　逃亡《とうぼう》しないように見張られていて、他人にいつでも財産を物色《ぶっしょく》される状態、他人がお金だろうと、通帳だろうと持ち出すことができる状態になってるっていうことでは、少なくとも、「独立した家庭」とは言えないわね。

アメリカなんかへ行くと、拳銃《けんじゅう》で自宅を護《まも》ってる場合もあるし、昔の日本人なら、日本刀を床《とこ》の間《ま》に置いて、いざ強盗《ごうとう》が入ったとなれば、一家の主人が日本刀を持って立ち向かわなければいけない。それは、当然ながら「正当防衛」だね。

やっぱり、「この憲法が日本国の主権を侵害している。憲法自体が主権を侵害している」っていうのは、そのとおりだと思うので。

これは〝懲罰《ちょうばつ》憲法〟ですよ。明らかに、勝者の驕《おご》りによる、永久に敗者を懲罰にかけるための憲法、〝完全武装解除憲法〟だね。

つまり、ネイティブ・アメリカンのインディアンを、インディアン居留区から一歩も出さず、再びアメリカ市民を襲《おそ》わないようにするためにやったようなことと、同じことをやったということだよ。

里村　はい。

パール判事　やっぱり、主権を回復したなら、憲法は改正しなければならない。

完全に独立するつもりなら、日本も核《かく》武装をしなければ駄目《だめ》

大川真輝　現代では、一部の研究者のなかから、「パール判事は平和主義者だったのだ」というような意見が出ているのですけれども。

パール判事　そうですね。「平和主義者」ですよ。まあ、そういう捉《とら》え方もありますよ。

大川真輝　その根拠《こんきょ》として、東京裁判が終わった後、パール判事は何度か来日なされているのですが、「再軍備」という問題に関して、少し反対されたのではないかというようなところを取って、「パール判事はガンジー主義者で、平和主義者だったのだ」というような声が、一部、あるようです。そのあたりに関して、少し……。

パール判事　「選択肢《せんたくし》はある」とは言ったよ。ガンジー的な選択肢もあれば、再軍備する選択肢もあるけども、要するに、「再軍備する場合は、アメリカの傭兵《ようへい》にされないようには、気をつけなければいけない」っていうことを言ってたわけで。実質上、占領《せんりょう》された状態で再軍備をした場合、傭兵として使われる可能性がある。

吉田茂《よしだしげる》は、このへんを感じ取っていたから、「自衛隊をつくっても、日本は戦争しない」っていうところを、うまく使いながら、「戸締《とじ》まり論」的な自衛隊、土足《どそく》で入られたときの用心としての自衛隊は要《い》るけれども、アメリカ軍の傭兵にはならないと。つまり、「アメリカ人が死ぬのが嫌《いや》だから、日本人を先に行かせて戦争させるみたいなのは、させられない」っていう考えではあっただろうと思う。その危険性があることは、認識していなければいかんというところだね。今、安倍《あべ》さんのところでも、ここのところが、一部、隙《すき》として警戒《けいかい》されて言われてるところはあるね。このへんはあるとは思うけれども、まあ、国力相応《そうおう》でなければいけないだろうね。

やっぱり、傭兵にされないためには……、インドだって核《かく》武装してますので。インドのほうが大きい国ですけど、パキスタンが核武装してる以上、インドも核武装しなければ、パキスタンの奴隷になります。パキスタンが「撃《う》つぞ」と言ったら、本当に撃つからね。

里村　ええ。

パール判事　あの国は、本当に撃ちますから。宗教が違えば平気ですから、撃ちますので。防衛上、持つ必要がありますから、もうこれは、有無《うむ》を言わさず持ってますけれども。

だから、本当に傭兵にならないつもりだったら、日本も核武装までしなければ駄《だ》目《め》ですね。要するに、核がない以上、実質上、アメリカに永遠に占領されている状態が続くわけですから、軍備をしても、「アメリカ人の代わりに日本人が死ね」というかたちになりますから。

だから、完全に独立するのなら、北朝鮮に核兵器があり、中国に核兵器があり、ロシアに核兵器がある以上、日本も、核武装をして独立する。そして、中立するなら中立するでも結構ですけれども、そのようにやらなければいけないと思いますね。

これをしないかぎり、アメリカからの半隷従《はんれいじゅう》部分は、完全にはなくならないと私は思いますけどね。

里村　はい。

「完全無防備国家」の状態をすでに体験している日本

里村　そうしますと、「判事は非武装中立論者だった。だから、例えば、今の日本であれば、憲法九条を守るべきだという立場なのだ」というのは、行きすぎた議論ですね。

パール判事　いや、それ以前の段階で……、一九四五年の八月十五日からあと、日本は、そうした「完全無防備国家」を、本当に経験してますからね。おかげで、アメリカ軍は、まったく警備しないで日本の街が歩けたわけですから。

日本は信義を守る国なので、戦争しないと決めたら、しないで済む。

里村　ええ。

パール判事　ほかの国では、そんなことは絶対にありえない。イラクだって、いまだにゲリラは続くしね。ほかの国でもそうですけど。

日本は、天皇陛下が終戦ということを決めたら、もう戦わなくなりますから。そういうところが信用できるところではあるけれども。

いずれにしても、「完全非武装」は、すでに経験は終わってはいますのでね。

里村　はい。

パール判事　だから、朝鮮戦争が起きて、それから、アメリカが考えを変えたわけでしょう？　日本に来て、朝鮮戦争を見て、「なるほどな。朝鮮半島が支配されたら、日本は危なくなるんだ」ということが、マッカーサーでも分かったわけです。

それで、マッカーサーが、また原爆《げんばく》を使おうとしたので、解任されたということだよね。

ただ、原爆を使おうとした段階で解任されたということは、その時点で、アメリカは、すでに、「原爆を使ったことの非人道性が暴《あば》かれることを恐《おそ》れていた」ということを意味しているわね。

里村　はい。

7 「違憲《いけん》か合憲か」ではなく「廃憲《はいけん》」

「今、必要なのは、超憲法的判断」

綾織　日本が、勝手に「戦争しない」と決めたとしても、特に、今、中国がものすごい軍拡をしており、日本だけではなくて、アジアの安全も脅《おびや》かされているような状態です。

パール判事　占領《せんりょう》されるよ、もうすぐ。

里村・綾織　はあ！

パール判事　うん。もうすぐ。どこから始めるのかは、彼らの勝手だから分からないけど、占領はされていくと思うよ。

綾織　ああ。

パール判事　うーん。

綾織　この中国の問題の解決には、日本とインド両方とも同じような共通の利益があるかと思うのですが、今後の日本とインドの関係も含《ふく》めて、アドバイスを頂ければと思います。

パール判事　日本は、もう、いい格好するのをやめたほうがいいよ。ごく自然に、当たり前のことを考えたほうがいいと思う。

ので。

懲罰《ちょうばつ》みたいな考えが七十年も支配するっていうのは、あんまりいいことじゃない

このままで行くと、インドのように、二百年ぐらい植民地支配される可能性は極《きわ》めて高いから、そろそろ、誰《だれ》かがやらなければいけないことじゃないかな。

だから、今、日本のマスコミが、「違憲《いけん》なら悪、合憲なら善」みたいな判断だけやってるけど、「憲法自体に問題があるから、法整備をしなければいけなくなりつつある」ということが分かっていない。

今、必要なのは、「超憲法的判断」なんです。

憲法自体が、「国民の生命・安全・財産」を守らない憲法になっているので、国際情勢から見て、もはや〝死に体《たい》〟になってる状態で、周り（の国）が、明らかに、（日本国憲法前文にある）「平和を愛する諸国民」ではなくなっているということです。

里村　はい。
　法による支配ではなく、政治的裁判だった
パール判事　敗戦の当時は、日本だけが侵略《しんりゃく》国家みたいに言われてたからね。
里村　はい。
パール判事　まあ、それを認めないかぎり終戦にならなかったし、「天皇制の骨抜《ほねぬ》き」を象徴化《しょうちょう》しないかぎりは潰《つぶ》しただろうと思うから、まあ、うーん……。
　でも、結局、父ブッシュ大統領（ジョージ・H・W・ブッシュ）が、湾岸《わんがん》戦争でフセインを死刑《しけい》にしないで、それから、バクダッド侵攻《しんこう》もせずに、中途半端《ちゅうとはんぱ》で止《と》めたところが、また延々と十年ぐらい、（フセインは）ゴソゴソと悪さをし続けていた。その分、息子《むすこ》ブッシュ（ジョージ・W・ブッシュ）が「裏から資金援助《えんじょ》や武器の援助等でテロリストを支援しているに違《ちが》いない」と睨《にら》んで、イラク戦争で、徹底《てってい》的にイラクを占領して、大統領府を壊《こわ》して、（フセイン）大統領を処刑するところまでやったんだろうけどね。

天皇を生かしたのはマッカーサーの判断だけども、やっぱり、これを生かしておかないと、何て言うか、敗戦を認めた人がいなくなる状態になるので、「天皇を殺す」と言ったら、おそらくは、ゲリラ戦というか、〝一億玉砕《ぎょくさい》戦法〟は始まったと思われるのでね。

「天皇を処刑する」と決めたら、ゲリラは始まっただろうと推定するので、まあ、善意ではないけども、（天皇を）ヤクザの大《おお》親分みたいに思ってたんだろうから、その元締《もとじ》めが言えば、みんなは抑《おさ》えられると思って、使ってたんだと思うけどね。

里村　うーん。

パール判事　だけど、昭和天皇は、サダム・フセインとは、だいぶ違ってたね。人《ひと》柄《がら》も違ってたからね。

うーん、ここのところは難しいけどね。

本当に、「戦争犯罪ということで裁く」っていうならば、当時の元首が天皇であったことは間違いないので、昭和天皇も断罪されなければいけないから、極めて政治的判断をしているね。

これは、「法による支配」じゃないと思うよ。

里村　うーん。

パール判事　やっぱり、政治的判断だと思う。「政治的裁判」だし、「政治的判断」だね。

マハトマ・ガンジー（1869 ～ 1948）
インドの政治指導者、宗教家。「非暴力、不服従」によるイギリスからの独立運動を提唱した。

「ガンジーの非暴力主義」と「憲法九条」は違《ちが》う

パール判事　少なくとも、ガンジーは、一種のプロパガンダとして、「無抵抗《むていこう》、非暴力主義」っていうのを広めたけども、それで成功したところは、歴史上、ほとんどないのでね。

それに、あの段階では、「それだけ武力でもってやれば、被害《ひがい》が大きくなる」っていうこともあった。当時のイギリスも、武力でもって立ち上がると、これを理由にして、さらに攻《せ》め立ててくるような国だったんでね。

もし、日本の軍隊も健在であって、日本がまだアジアの一角《いっかく》で、雄《ゆう》としてアジアに睨《にら》みを利《き》かせているような状況《じょうきょう》であったんなら、違《ちが》ったやり方もできただろうとは思うけど、日本自体が、もう丸裸《まるはだか》にされているような状況だったからね。

彼（ガンジー）は、アジア的戦いを考えたし、やっぱり、マハーヴィーラの教えを……、まあ、ジャイナ教徒だからね。仏教徒じゃないけど、ジャイナ教徒だから、

●**ジャイナ教**　釈尊と同時代のインドに生まれたとされるマハーヴィーラが、中興の祖として広めた宗教。人間は、苦行によってのみ救われると説き、不殺生主義を徹底させる厳しい戒律を定めた（『黄金の法』〔幸福の科学出版刊〕参照）。

ジャイナ教のアヒンサー（不殺生《ふせっしょう》）の思想でもって対抗したわけで、「自分たちは殺さないけど、おまえたちは殺すのか」というところを前面に出してやったんだけども。

まあ、これと、今の日本国憲法体制を共通させようと思ってるんだろうけども、残念ながら、日本は、宗教的バックボーンのところが明確にない。

里村　うーん。

パール判事　宗教的バックボーンがないところ、そのジャイナ教のアヒンサーの考えのところを、憲法九条で代弁しようとしてるけども、「法による支配」は、人殺しもできるんですよ。法に基《もと》づけば、人も殺せるんです。法に基づけば、戦争だってできるんです。

「法」は人間がつくる「法律」です。だから、それは、いろんなかたちがありえるんだということですね。

国を護《まも》れない日本国憲法は「廃憲《はいけん》」しかありえない

里村　まさに、ただいま、パール判事がおっしゃった、「日本には宗教的バックボーンがない」というところに、今、ある意味で、「東京裁判」が代わりに入ってきています。

ですから、今の日本における、中国による覇権《はけん》拡大の危険というものを考えたときに、これに対して日本ができることに、自《みずか》ら手を縛《しば》っているところがあるわけですが、やはり、この根源には東京裁判があり、その東京裁判を日本人が受け入れ、金科玉条《きんかぎょくじょう》のように奉《たてまつ》ってきたということがあると思います。

その意味で、私は、戦後七十周年の今こそ、改めて、パール判事の少数意見、反対意見が、非常に大きな意味を持つのではないかと思うのですが、それについて、どう思われますでしょうか。

パール判事　七十年たって、「（安保法制は）違憲か、合憲か」なんかで議論してるっていうことは、この間の怠惰《たいだ》について、やはり、もっと反省をせねばいかんと思います。憲法学者が、主権論を理解していないっていうか、説明できないでいることを、もっと反省すべきですね。

それで、宗教家も含めて、「戦争即《そく》悪。善はないのだ」と言ってるけど、そうであれば、「善に基づいて日本の戦争裁判をやり、日本を裁いた軍事国家たちは悪だったのか」ということを、明確に問わねばならないわけですよね。

やっぱり、原爆《げんばく》を落とした人の親族から子孫《しそん》まで、しょっぴかなければ……、広島で絞首刑《こうしゅけい》にしなければ済まないぐらいのことだと思います。

だから、逃《に》げにしかすぎない。口当たりのよい逃げにしかすぎなくて、今は、「合憲か、違憲か」ではなくて、もう、「廃憲」しかありえない。

里村　「廃憲しかありえない」と？

パール判事　うん。廃憲しかない。これを、もう捨てるべきです。日本国憲法を外国人の目で見たら……。もう、日本国憲法なんか、ほかの国ではほとんど読まれていないけど、もし、「おまえの国で、この憲法を受け入れろ」って言われたときに、受け入れるかっていったら、「受け入れる」と言う国は一つもないよ。

里村　はい。

パール判事　まず、ない。「これを受け入れたら、もう完全に奴隷《どれい》国家じゃないですか」ってことで、たぶん、どこの反応も一緒《いっしょ》だ。「奴隷になってしまいます。国が護《まも》れません。これじゃ護りようがありません」って言うだろう。

「自衛隊をつくった時点で憲法は変えるべきだった」

パール判事　だから、やっぱりね、「自衛隊は合憲だけども、今の安保《あんぽ》法制は違憲だ」と言っている憲法学者はいっぱいいいるけど、絶対、狂《くる》ってる！（机を一回叩《たた》く）おかしい。

だから、もし、「憲法を変えなければ許されない」って言うならば、（机を叩きながら）自衛隊をつくった段階で憲法九条を改正しなきゃいけない！こちらのほうが（違憲性は）大きい。今のは、まだ小さい。ただ、自衛隊の動き方の問題ですから。

里村　ええ。

パール判事　自衛隊をつくったところのほうが、この憲法の精神と合ってないんだから、（机を叩きながら）自衛隊が必要でつくったのなら、その時点で憲法を変えなきゃいけないんだ！

自衛隊を、「独立国家なら当然に持つべき防衛のための軍隊」と規定すれば、今やってる安保法制も、全然、問題なんかないんです。国際国家が、国連憲章に基づいて合法的に取れる手段は、自衛隊もみんな取れるわけですから、そのとおりやればいいわけです。自国を護るためならば、友軍《ゆうぐん》と共同の行動をするのは、当たり前のことですから。敵の攻撃《こうげき》から護るためにだったら、手を組んでくれるところと一体になるのは、当たり前なので。

「正義の戦争はない」という考え方は一つの真理だけど、それは同時に、「戦争においては負けないように、政治家は徹底的に知恵《ちえ》を巡《めぐ》らさなければいけない」ということであり、政治家が無為無策《むいむさく》だった場合には、国民は無残《むざん》な最期《さいご》を迎《むか》えて、場合によっては、何百年も奴隷になる。

だから、イギリスの奴隷になったインドのようになるし、あのときなんかも、手を切られたり足を切られたりしているような人は、いっぱいいたわけですから、それは悲惨《ひさん》なものですよ。

また、それは、イスラエルもそうでしょう。かつて、四百年ぐらいは、エジプトの奴隷だったわけです。そういう経験をしているわけなので、欧米《おうべい》の考えの源流にだって、奴隷制の考えはあるわけで、その悲惨さから逃《のが》れるためには、やっぱり、戦わなければいけないんですよ。

だから、自分たちが「正しい」と言うものを信じるならば、それを護るためには、戦わねばならない。

それで、負けることもあります。それはあります。そのときには、力が足りなかったことを認めて、やっぱり、受け入れるしかないけども、奴隷状態に置かれたならば、いつかはモーセのような人が出てきて、それを逆転してくれることを望むしかない。あるいは、他に友軍が出てくるしか、方法はないわけですね。

「大東亜《だいとうあ》戦争の真実」は戦後七十年で書き換《か》えられるべき

パール判事　最終的には、「神の正義」に任《まか》すしかないわけだけど、少なくとも、「大東亜《だいとうあ》戦争の真実」は、戦後七十年で書き換《か》えられるべきときが来たと。

本当は、マッカーサーのときでもよかったんだけども、そこでは日本は憲法を変えなかったために、朝鮮《ちょうせん》戦争も、実際上は参加してないし、経済的利益だけを食《は》むことができた。まあ、このへんの、「血は流さずに、お金だけ儲《もう》けられた」っていう、この味を占《し》めたところも大きいのかもしれないですけども。

「ベトナム戦争も参加しないで済んだ。湾岸戦争も、イラク戦争も参加しないで済んだ」と言っているけれども、もし、日本が、後ろに後ろに回っていって、隷属《れいぞく》国家のままで、後進国になっていくことを、国民みんなが受け入れているというなら、それについては、もう、言うことはありませんけれども。

まあ、田舎《いなか》で、隣《となり》近所はみんな知り合いっていうなら、戸締まりをしないで寝《ね》ても安心かもしれないが、やはり、そういうものが横行《おうこう》しているところでは、それでは済まないことになるね。

だから、本当に憲法九条を厳格に守って、本当に非武装でいるんだったら、台湾《たいわん》だって日本を占領することは可能ですからね、はっきり言えばね。

里村　はい。

パール判事　韓国《かんこく》だって、簡単に（日本を）占領できますから。

もし日本の責任ある立場にいたら核搭載《かくとうさい》の原潜《げんせん》を配備する

パール判事　今、私が、日本の責任ある立場にいる者だとしたら、たぶん、原子力潜水艦《せんすいかん》に核《かく》ミサイルを搭載《とうさい》するぐらいのことは、絶対にする。原子力潜水艦だったら、一年間、浮上《ふじょう》しないでも、どこにでもいられますから。

陸地なら、敵の攻撃を受ければ全滅《ぜんめつ》することがあるけども、原子力潜水艦だったら、どこでも移動できますし、浮上しないでもいられますので、「もし、日本が攻撃されたときには、確実に反撃をする。海から反撃をする」ということを言っておけば、十分に抑止力《よくしりょく》になると思います。

今、日本の基地は、先制攻撃を防げない体制でしょう？　先には（攻撃が）できないんですから。「向こうが攻撃したら、正当防衛で反撃してもいい」っていうぐらいでは、核戦争の場合には、もはや、国は存続できませんので、やはり、攻撃対象になってないところで反撃ができるスタイルは必要だと思いますね。

今のところ、日本を攻撃する可能性があるのは、中国か北朝鮮か、あるいは、仲が悪くなった場合のロシアぐらいしかありえませんので、このあたりでしたら、やっぱり、原子力潜水艦に核兵器を十六基ぐらいでも積んでおけば、少なくとも、日本国家は、向こうの主要都市に対して反撃をするぐらいのことをして、滅《ほろ》びていくことができるでしょうね。

その程度の、〝侍《さむらい》としての一太刀《ひとたち》〟を浴びせてから死ぬぐらいの覚悟《かくご》は、私は、あって然《しか》るべきだと思いますね。

里村　ああ……。今の博士のお言葉を聞いて、やはり、非常に独立の気運が強かったベンガル州でお生まれになった方だなあと思いました。

8　東京裁判は「遡《さかのぼ》って、無効」

裁判する国が「侵略《しんりゃく》国家」という異常な裁判

里村　では、改めて、ある意味で、日本人に原罪をかぶせた東京裁判というのは、正しいのか……。

パール判事　「無効」です。

里村　無効。

パール判事　無効です。遡《さかのぼ》って、これは、もう無

東京裁判における裁判官は、戦勝国側のメンバーで占められていた（写真左端：パール判事）。

効にすべきです。これは、やってはならないことですよ。

里村　はい。

パール判事　裁判する資格がないもの。裁判してる国たちが、侵略《しんりゃく》国家なんですから。

里村　はい。

パール判事　侵略したところばっかりだ。植民地を持って、軍事的に占領《せんりょう》をしていったところが、どうやって裁判できるんですか？　あとからまねした人を裁判するっていうの、これは、どう考えても不公正ですよ。ありえない。ありえないことです。

「日本やインドの価値観」が世界をより共存できる体制にする

綾織　これからのことを考えた場合に、先ほどは、「キリスト教的な正義というのは、非常に疑わしい」というお話がありました。

パール判事　疑わしい。疑わしいです。

綾織　はい。それは、アメリカも含《ふく》まれていると思うのですけれども、やはり、今後、日本として正義を立てて行動していくためには、何が必要でしょうか。

パール判事　だから、インド的正義はね……。まあ、いわゆる至高神《しこうしん》的存在はあって、ヴィシュヌ神《しん》という、宇宙を創ったっていう方がいることになってるけども、そこから、いろいろと枝分《えだわ》かれして、神々が多数存在し、「いろんな神々が存在する以上、いろんな部族や、いろんな信仰《しんこう》がありえる」という多神教が存在して、それで、そこに寛容《かんよう》さが生まれてるわけですよね。

この考えがインドにあるから、日本人の考え方をよく理解できるんですよ。インドの人たちは、日本の考え方が分かるんですよ。

「神も仏もあるでしょうね。それ以外のものもあるでしょうね。日本人が、仏教を信じたり儒教《じゅきょう》を信じたり、古来からの神道《しんとう》を信じたりして、神道にも神様がたくさんいるっていうのは、それはあるでしょうね」って。インドも、そういう考えですから、神様の名前は違《ちが》えども、価値観的には理解ができる。

今のところ、一神教《いっしんきょう》が優位を占《し》めていってるけど、一神教の国は、ヨーロッパで見ても、もう、戦争だらけですよ。歴史的には、戦争、戦争、戦争。それも、寛容さがないので、すっごい、大量の殺戮《さつりく》を伴《ともな》う戦争をやってきてる。

「自分たちの意見以外は、全部、悪魔《あくま》の意見」というふうに考えるんだったら、戦争に次ぐ戦争になりますよね。これは、やっぱり、宗教的に見て「完全ではない」と考えるべきですね。

一神教のもとになってるイエスのところだって、自分自身は十字架《じゅうじか》に架かっているというわけですから、これは、非常に倒錯《とうさく》した宗教です。自分が十字架に架かって、それで、「神の独り子《ひとりご》」とか言っているけど、ここには、そうとう強引《ごういん》な解釈《かいしゃく》が入ってますからね。

それを信じる人たちは、復讐《ふくしゅう》したいに決まってますよね。復讐をしたいでしょう。キリスト教をずっと学んでる人は、キリスト教を信じない者たちに対して、やっぱり、復讐していきたい気持ちを潜在的《せんざい》に持ってますよ。

だから、キリスト教的価値観を受け入れないところを、「悪魔の国」として滅《ほろ》ぼしていく。イスラム諸国も滅ぼせば、日本神道みたいなものも、「こんなもの、原住民のアニミズムだ」と思って滅ぼしていく。ここに、やっぱり、考え方の間違いがあると思うんですね。

キリスト教全部を、間違っていると言ってるわけじゃないですよ。ただ、「世界に百九十何カ国ある現段階において、その考え方で世界をまとめることはできないということは知るべきだ」ということです。

実相《じっそう》の世界の現実は、神々がたくさんいて、もちろん、ランクの違いや考えの違いは持ちながらも、共存しているということを……。やっぱり、これが現実なんですから。あなたがた幸福の科学で教えているのと同じ世界観が、現実の世界なので、「このなかの一人だけが神だ」というような考えでは済まないいんだということですね。

こう考えることによって、「決定的な善悪の戦い」というようにならないかたちで、相手を理解する余地《よち》が出てくるわけで、理解することから「寛容さ」が生まれてくるということですね。

だから、「日本的な価値観」や「インド的価値観」が世界的に優勢になることで、世界は、もう一段、共存できる体制になると、私は考えてますね。

9　パール判事の「霊的《れいてき》ルーツ」とは

「日本がアメリカに引き分けたら、共産主義の膨張《ぼうちょう》はなかった」

里村　今、お話をお伺《うかが》いしていまして、本当に、インドと日本の架《か》け橋になる方でいらっしゃるなという感じもしたのですけれども、先ほど、博士から、「侍《さむらい》としての一太刀《ひとたち》」というお言葉も出ました。

また、生前も、日露《にちろ》戦争での日本の勝利に、若いときの博士が非常に感動されたという話も伝わっているのですが、東洋的な宗教の教義でいう「転生輪廻《てんしょうりんね》」、これは、インドでも当たり前のようにございますけれども、博士は、何か日本と関係があった魂《たましい》でいらっしゃるのでしょうか。

パール判事　主として、インドで生まれている者ではあるので、日本の八百万《やおよろず》の神々的に言えば、「インドの八百万の神々の一人」と言えば、そのとおりかと思いますけどね。

里村　はい。

パール判事　（転生は）主としてインドではありますけれども。だから、東洋的な、そういう思想の一部は担《にな》っているかなとは思っています。

ただ、私などは〝小さな者〟です。日本という国がね、もっと偉大《いだい》であってほしいと思うし、できたら先の戦争は、（アメリカに）負けないでいただきたかったなあ。引き分けぐらいで、終わっていただきたかったね。

里村　ああ、そういうふうにご覧になってたんですか。

パール判事　うん。だから、ヨーロッパには勝って、これはよかった。

里村　はい。

パール判事　ヨーロッパに勝ったこと、これは絶対に善です。これ、勝ってくれなかったら、（インドは）独立できなかったから。

里村　はい。

パール判事　ヨーロッパに勝ってくれたことはよかった。まあ、アメリカは戦後をリードした国であるし、思想であるので、完全否定はできないけれども、せめて引き分けに持っていって、終わりにしていただきたかったですな。

ドイツがあのまま拡張するのは、さすがにちょっと許容《きょよう》しにくいところはございますけれども、日本がアメリカと引き分けていたら、戦後のソ連の共産主義体制のあれだけの膨張《ぼうちょう》や、中国の共産主義体制の膨張はなかった可能性が高いので。いちばんいい落としどころは、ここだったと思いますね。ヨーロッパには勝ってほしかった。だけど、アメリカと引き分けたぐらいが、ちょうどよかったと思います。

転生《てんしょう》における「お釈迦《しゃか》様との縁《えん》」とは？

綾織　お話をお伺いしていますと、転生《てんしょう》はインド霊界《れいかい》だけではない感じがするのですけれども。

パール判事　ハハハッ。

綾織　霊界で一緒《いっしょ》にいらっしゃるような方は……。

パール判事　インド人でいいんですよ。インド人でいいんです。インド人でいいんです。日本は偉大ですから。日本霊界に生まれるなんて、そんなの滅多《めった》にできることじゃありません。

インド人は、インド人でいいんです。やっと今、経済大国になろうと追いかけている、発展途上《とじょう》国の下々《しもじも》の神の一人ですから。

里村　いえいえいえ。

パール判事　日本の神は偉大です。はるかに偉大なので。

里村　今、霊界ではどういうところで、例えば、どういう方々と一緒とか、どういうお仕事を……。

パール判事　いろいろ探《さぐ》りますね（笑）。

里村　いえいえ。やはり、後世に遺《のこ》されるべき方だと思いますので。

パール判事　うーん、まあ……。

いや、（私は）東京裁判で勝てなかったから、日本的に言えば、意見を言う資格はありません。十分に日本を弁護できなかったので、申し訳ない。

里村　しかし、その東京裁判史観を引っ繰《く》り返す必要があると、今日は冒頭《ぼうとう》におっしゃっていたと思います。そのための、ある意味での遺言《ゆいごん》として、少数派の意見判決を書かれたとおっしゃっていましたので、今、大きな仕事をされておられるのではないかと思いますけれども。

パール判事　お釈迦《しゃか》様がインドに生まれたときにも、それから、イエスの前身がインドに生まれたときにも、私は関係があります（注。イエスの生命体は、今から七、八千年前に、インドの地にクリシュナという名前で出たことがある。『永遠の法』〔幸福の科学出版刊〕参照）。もちろん、ある程度、影響《えいきょう》を与《あた》えられる場所にいたという意味ですけどね。まあ、いたことはあった。

里村　もし、差し支《つか》えなければ、「影響を与える立場」について、例えば、お釈迦様のときは、どういう……。

パール判事　いやいや。仏弟子《ぶつでし》としては、あなたがたのほうが偉《えら》いので、もう、とんでもない。

そういうあなたがたが、これからなされる仕事のほうがはるかに偉大ですので。

私は小さな者ですから。ほんの小さな者です。本当にそうです。

まあ、縁《えん》を辿《たど》れば、親族と言えば親族かなというあたりです（著者注。釈尊《しゃくそん》の出《しゅっ》家《け》前の正妻ヤショーダラ妃《ひ》の父親ではないかと思われる）。

里村　ああ、そうでございますか。

パール判事　うん。

日本は欧米《おうべい》を凌駕《りょうが》する「宗教先進国」

里村　日本の立場をよく理解してくださっておりますが、やはり、これからの日本には、まだ大きな使命があると考えてよろしいでしょうか。

パール判事　うん……。でも、私のような小さな者をそんなに頼《たよ》りにしないで、あなたがた自身が偉大になれば、よろしいんじゃないですか。

だから、「キリスト教的正義が世界的正義ではない」と、私は言いましたけども、日本では（キリスト教が）一パーセント以上、どうしても広がらないでいるでしょう？　それはキリスト教の考え方のなかに、極《きわ》めて偏狭《へんきょう》な、心の狭《せま》い考え方があることを、日本人は知っているからですよ。日本の思想のなかに、すでにそれを凌駕《りょうが》する、もっと大きなものがあることを知ってるから。

宗教的には、先進国なんです、こちら（日本）のほうがはるかに。あなたがたを裁いた国よりも、あなたがたのほうが宗教的には先進国なので、後進国の宗教には支配されないでいるわけですよ。

これは、日本神道《しんとう》っていうものが、キリスト教よりも、もっと起源の古い、もっと偉大なものであることを意味しているんですよ。キリスト教以後のものではないんです。それ以前のものなんですよ。もっともっと古いものだと思いますよ。その偉大性が間もなく、もっと明らかになってくると思います。これから、あと二十年、三十年したら、はっきりしてきて、世界規模になってくると思いますよ。

そのとき、インドは、決してあなたがたの先輩《せんぱい》を気取るつもりはございません。歴史としては、インドも数千年の歴史を持っていますけれども、日本という国はやっぱり、「東洋の盟主《めいしゅ》」だと思います。優《すぐ》れた国です。とってもとっても優れた国だと思いますので、その優れたところを十分に発揮されて、世界のリーダーになるべきですね。

やはり、「(日本は）宗教先進国だから、後進国の善悪の基準では裁けなかった」というべきだと思います。

私を大きな者にして、日本を救うなんていう考えは小さい！　あなたがた自身が大きくなって、日本を救い、世界を救うべきだ。

私は、インドのベンガル出身の、コルカタ（大学）出《で》の数学者から転向した、日本人から見れば、貧しい知識しか持っていない弁護士にしかすぎないので。そんな者が法律の世界で、世界を席巻《せっけん》できるような思想を出すこともできませんので、当たり前のことを当たり前に述べただけです。

それから、日本の偉大さを、やっぱり、東洋から認めるべきだと。

だから、中国と韓国《かんこく》、北朝鮮《きたちょうせん》も含《ふく》めてね、やはり、「恥《はじ》を知れ」と言いたい。「自分たちのふがいなさを、日本のせいにするのではない」ということは言いたいです。「日本を責めるなら、ちゃんと欧米《おうべい》列強に侵略《しんりゃく》された歴史も断罪しなさい」と。それだけの自信を持って言うなら、言いなさいと。それが言えないで、日本だけやるのは卑怯《ひきょう》だということです。

日本は侍《さむらい》の国なんだから、正々堂々と渡《わた》り合わなきゃいけない国であって、そういう卑怯な手は、日本に対して使ってはならないというふうに思いますね。

10　日本は〝アフリカ独立の母〟でもある

占領軍《せんりょう》ＧＨＱがつくった憲法は「廃憲《はいけん》」にすべき

大川真輝　冒頭《ぼうとう》で大川総裁のほうから、今日は沖縄《おきなわ》戦終結の日ということで、本霊《れい》言《げん》はある種、宗教的な慰霊《いれい》の意味も持っていると伺《うかが》っております。

また、パール判事の判決には、戦犯《せんぱん》として裁かれた東條英機《とうじょうひでき》や、その他の方々も非常に感激をされて、涙《なみだ》を流されたということも伺っております。

最後に、東京裁判で裁きを受けた方々、また、大戦で散っていった日本の軍人の方々に対して、メッセージを頂ければと思います。

パール判事　やっぱり、彼らを英雄《えいゆう》にするべきですね。「英雄」としなくてはいけないです。

あなたがたにとっては、地上での命を生き長らえるということは死活《しかつ》問題で、大変な重要問題でしょうけれども、「永遠の生命の世界」を生きている私たちから見れば、地上での戦争でさえ、〝野球のゲーム〟にしかすぎないようなところがございます。

〝野球のゲーム〟でチームがあって、勝ったり負けたりしていますが、神様からは、その試合ごとに、「勝ったほうが正義で、負けたほうが悪」みたいな感じで言っているようなものにしか見えてないとは思いますね。

だから、いろいろな経験を積むために、いろいろなことが起きるんでしょうけども、もう少し、「自主独立の機運《きうん》」っていうか、自分たちの歴史、自分たちの評価、自分たちの未来を、自分たち自身の力で決めていこうとする気持ちを持たないといけないと思いますね。

うーん、安倍《あべ》首相を擁護《ようご》するかどうかなんていうことを、私は考えているわけでは決してないし、日本の憲法学者の意見が正しいか正しくないかとか、世論《せろん》調査が正しいか正しくないかとか、そんなことには、まったく関心がないので。

少なくとも、東京裁判は違憲《いけん》じゃなくて、「そもそも東京裁判をやる資格がなかった」ということを言っている。「無効だ」と言っているし。

また、占領《せんりょう》軍ＧＨＱによる憲法は、時限立法として、一時期の凌《しの》ぎとしてあってもいいけれども、もう七十年もたって、これがまだ存続してるっていうこと自体がおかしいことであるので、廃憲《はいけん》！

「廃憲」して、新しく「創憲《そうけん》」。憲法を創るべきだというふうに思いますね。

だから、憲法の字句をめぐって、「違憲か合憲か。それで政府は正しいか正しくないか」なんていう判断をするマスコミも、「情けない」としか言いようがないですね。

特攻《とっこう》した人たちは〝神々の一柱《ひとはしら》〟である

里村　本日は、ある意味で、歴史法廷《ほうてい》の判決になると思います。最後に、パール判事から、二つの判決を下《くだ》していただきたいと思います。

パール判事　うん、うん。

里村　先の大東亜《だいとうあ》戦争で、日本は有罪か、それとも無罪か。
そして、もう一点は、日本を裁いた東京裁判が正義の裁判と言えるのか、それとも言えないのか。生前に博士も、「法律に名を借りた復讐《ふくしゅう》だ」というようなことをおっしゃっていましたが、東京裁判自体が、むしろ、〝有罪〟であるのか。
これについて、最後に判決を頂きたいと思います。

パール判事　一番目は大東亜戦争ですか？

里村　はい。大東亜戦争の日本は……。

パール判事　正義でしょうよ。

里村　正義ですか。

パール判事　ええ。これは正義です。日本が戦わなかったら、まだアジア、アフリカも全部……、アフリカまで救ったんですから。実際に戦争はアフリカまで行ってませんけどね。実際、戦いは太平洋を中心に起きたことですけども、その結果、起きた果実を見たらいい。

アフリカが全部、植民地だったわけで。キリスト教の宣教師が誤っていたために、

「黒人には魂《たましい》がない」と判定して、「人間ではない」という判断をした。人間が平等であるなんて、とんでもない。人間（黒人）には魂がないという判断、報告をしているんですから、ヨーロッパ母国に。「魂がない。彼らは人間じゃないということだから、奴隷《どれい》に使っても構わない。サルの仲間だから、ボノボの仲間だから、奴隷として使っていい」っていう思想で、アフリカを切り取っていったわけですよ。

このアフリカまで、独立できたんです。だから、日本は、〝アフリカ独立の母〟でもあるということです。インドだけじゃなくてね。

里村　はい。

パール判事　結果を見れば、果実を見れば、あの戦争はアジア、アフリカの解放戦争であったし、聖戦《せいせん》だった。「大東亜の理想」っていうのは真実だったし、そのために死んでいった人たちは、尊い犠牲《ぎせい》だった。特攻《とっこう》した人たちは、〝神々の一柱《ひとはしら》〟

であったと言わざるをえない。

だから、正しい戦争です！

「侵略者《しんりゃくしゃ》による東京裁判は、茶番《ちゃばん》以外の何ものでもない」

パール判事　それから、二番目は……。

里村　東京裁判です。

パール判事　「東京裁判は善か悪か」って？　こんなのは、もう「茶番《ちゃばん》以外の何ものでもない」と思います。

だから、アメリカの騎兵隊《きへいたい》とネイティブ・アメリカン、インディアンが戦って、彼らをどんどん追い詰《つ》めていったけれども、防衛してたのはインディアンですからね、ほんとはね。自国防衛のために戦ってたのに、どんどん追い詰められていって、武器も取り上げられて、今、人口も少なくなって、居留区に住んでるだけですけど。あれを、裁判で判決して、彼らを縛《しば》り首にしたところで、インディアンがもともと持ってた国ですからね。白人がメイフラワー号で来て、なだれ込《こ》んできて、（国を）取っていったわけですから。

これねえ、こんなの裁判なんか成り立つわけがありませんよ。侵略者《しんりゃくしゃ》が裁判してるんですから。こんなのは成り立ちません。

だから、「法の支配」は、「神の支配」と同義だと思ってる学者とか、ジャーナリストとかがいっぱいいるんだったらね、とんでもないことですよ、と。これは、人間がやってるものですよ、と。あくまでも、人知の限界が限界ですよ、ということで、「あくまでも、そのときの常識の範囲《はんい》内での正義でしかない」ということです。

里村　はい。

パール判事　これは「歴史の法廷」のなかでは、覆《くつがえ》されることが幾《いく》らでもあるということです。今、私は、「東京裁判史観は、覆されるべきときが来た！」と考えます。

だから、今時点での政権の安定がどうかとか、マスコミがどうとか、世論がどうとかいうことに対して、私は何らタッチすべき立場にはないので、そういうことについては差し控《ひか》えますが、自分が関係したことに関しては、「明らかに大東亜戦争は正義であった」。

やはり、望むべき結論は、（日本が）ヨーロッパに勝ち、できればアメリカと和平を結ぶあたりで、落としどころを持っていってほしかった。

そうすれば、戦後のソ連の大量粛清《しゅくせい》や、あるいは、毛沢東《もうたくとう》・中国の大量粛清もなく、冷戦もなく、もっとよりよい世界が拓《ひら》けたと思っている。

「歴史の見直し」をする人たちは誰《だれ》か、今、分かった

パール判事　これからの未来についての世界観は、インドや日本の「宗教観」が、もう一段強くなって、ベースに入っていかねばならないと思う。

一神教も、シンプルに物事を考えるのには便利なところもあるけれども、結局、一神教同士の戦いがやまない以上、考えを少し改めるところは必要なのではないかということですね。

そういう軍事国家をつくったりするのには、一神教が非常に有効に働くけれども……、多元的な考え方だと、まとまりにくいですからね。

だから、「一神教による民主主義国家というのは、ある意味での全体主義国家と違《ちが》わない面がある」と言わざるをえないと思いますね。

このへんについて、〝東洋的反省〟を迫《せま》りたいと考えます。

里村　今日は、非常に大切なお言葉を賜《たまわ》りました。私どもは、パール判事のお言葉を世界に伝えてまいりたいと思います。本日は、本当にありがとうございました。

パール判事　「将来、必ず歴史の見直しは起きる」と思っていましたが、私は、それが、いつ、どのように起きるかについてまでは予言できなかったんです。しかし、今、分かりました。

「あなたがたが、それをするんだ」と分かりました。必ず、やってくれると思います。日本の名誉《めいよ》を取り返してください。

里村　はい！　努力してまいります。本日は、まことにありがとうございました。

11 パール判事の霊言《れいげん》を終えて

大川隆法　まことに結構な話でございました。

でも、なかなかそう簡単に、負け犬根性《こんじょう》は直らないとは思いますが、やはり、まずは「考え方を出す」ことが大事です。次には、「それを広げる」こと。さらには、「受け入れさせる」こと。この三段階があります。

まずは、考え方を打ち出すことが大事かと思います。

里村　はい。

大川隆法　最初は抵抗《ていこう》感が強いと思いますが、「戦争に対する考えにもいろいろなものがある」ということも知ったほうがよいわけです。

日本は、アジアのことだけを考えがちであるけれども、アフリカに対しても〝よい果実〟を遺《のこ》したということです。

里村　ええ。

大川隆法　もし、彼らが一流国扱《あつか》いされ、もっと発言権があれば、日本を擁護《ようご》できたのに、後進国だったために、なかなかそれができなかったということを、代弁していたように感じました。

里村　はい。そうですね。

大川隆法　今、考えを直すべきときかもしれません。今後の幸福実現党などの未来とも連動していることかもしれないですね。

里村　はい。今日は沖縄《おきなわ》のほうでも、「慰霊《いれい》の日」（沖縄戦が終結した日にちなみ、県で制定された記念日）で、現地の信者たちが活動に頑張《がんば》っています。

大川隆法　はい。沖縄の人たちも、本土のためだけではなくて、インドやアフリカの人たちのためにも亡《な》くなったのだということを知ったほうがよいでしょう。

里村　はい。

大川隆法　アフリカも、軍事的に占領《せんりょう》され、次に、宣教師が来て、洗脳を受け、何もできなかったところを、日本が（アジアで植民地解放のために）戦ったということです。

里村　なるほど。

大川隆法　もし、迷っておられる方がいたら、これを機に、みなさん、成仏《じょうぶつ》してくださることを願いたいと思います。

ありがとうございました。

一同　ありがとうございました。

あとがき

本書の議論の底流《ていりゅう》をなす思考を、ていねいに読み解くと、どうやら、インド霊界の神々と、日本霊界の神々は、ルーツを同じくするものであることが判ってくる。インド霊界ではヴィシュヌ神と呼ばれ、日本霊界では天御祖神《あめのみおやがみ》と呼ばれる根源《こんげん》神《しん》がいて、分光神《ぶんこうしん》として様々な高級神霊が多様に存在するということだ。六世紀に仏教が日本に移入されてから、神仏習合《しんぶつしゅうごう》思想が生まれてきたことになっているが、実は、霊的にはもっと昔からつながっているということだ。

日本文明のルーツはムー文明だと思われるし、インド文明のルーツはレムリア文明かと思われるが、ムーもレムリアも、同一の世界神《せかいしん》によって指導されていたと思われる。人間の狭き心のつくり出す「常識」が、世界を分断《ぶんだん》し、数々の戦争の原因を生み出していったのである。

二〇一五年　六月二十七日

幸福《こうふく》の科学《かがく》グループ創始者兼総裁《そうししゃけんそうさい》　大川隆法《おおかわりゅうほう》

『されど、大東亜戦争の真実　インド・パール判事の霊言』大川隆法著作関連書籍

『黄金の法』（幸福の科学出版刊）
『永遠の法』（同右）
『真の平和に向けて』（同右）
『日本建国の原点』（同右）
『赤い皇帝　スターリンの霊言』（同右）
『左翼憲法学者の「平和」の論理診断』（同右）
『マルクス・毛沢東のスピリチュアル・メッセージ』（同右）
『沖縄戦の司令官・牛島満中将の霊言』（同右）
『公開霊言　東條英機、「大東亜戦争の真実」を語る』（幸福実現党刊）
『原爆投下は人類への罪か？
——公開霊言　トルーマン&F・ルーズベルトの新証言——』（同右）

されど、大東亜戦争《だいとうあせんそう》の真実《しんじつ》
インド・パール判事《はんじ》の霊言《れいげん》

2015年 6 月29日　初版第 1 刷

著　者　　　大《おお》 川《かわ》 隆《りゅう》 法《ほう》

発行所　　幸福の科学出版株式会社

〒107-0052 東京都港区赤坂 2 丁目 10 番 14 号
TEL(03)5573-7700
http://www.irhpress.co.jp/

印刷・製本　株式会社 東京研文社

落丁・乱丁本はおとりかえいたします

ISBN978-4-86395-696-4 C0030
写真：Keystone-France ／ GettyImages ／ Steve Cadman ／ Lover of Romance

大川隆法霊言シリーズ・戦勝国の正義を問う

赤い皇帝 スターリンの霊言

旧ソ連の独裁者・スターリンは、戦中・戦後、そして現代の米露日中をどう見ているのか。共産主義の実態を明らかにし、戦勝国の「正義」を糾す一冊。

1,400円

原爆投下は人類への罪か？

公開霊言 トルーマン ＆Ｆ・ルーズベルトの新証言

なぜ、終戦間際に、アメリカは日本に２度も原爆を落としたのか?「憲法改正」を語る上で避けては通れない難題に「公開霊言」が挑む。【幸福実現党刊】

1,400円

マルクス・毛沢東の スピリチュアル・メッセージ

衝撃の真実

共産主義の創唱者マルクスと中国の指導者・毛沢東。思想界の巨人としても世界に影響を与えた、彼らの死後の真価を問う。

1,500円

「忍耐の時代」の外交戦略 チャーチルの霊言

もしチャーチルなら、どんな外交戦略を立てるのか? 〝ヒットラーを倒した男〟が語る、ウクライナ問題のゆくえと日米・日ロ外交の未来図とは。

1,400円

最新刊

小保方晴子博士 守護霊インタビュー
STAP細胞の真偽を再検証する

結局、ＳＴＡＰ細胞は存在するのか？その真偽を「宗教家的アプローチ」により再検証！彼女の「現在の胸中」と「真実」を守護霊が語る。

1,400円

神秘現象リーディング
科学的検証の限界を超えて

「超能力」「学校の妖怪」「金縛り」「異星人とのコンタクト」……。最高の神秘能力者でもある著者が、超常現象や精神世界の謎を徹底解明！

1,400円

女性のための「自分」のつくり方
賢く成長する秘訣

大川紫央　雲母《きらら》　共著

勉強、恋愛・結婚、就職・仕事、人間関係などをテーマに、幸福の科学総裁夫人と若手女優・雲母が対談。女性が賢く成長するためのヒントが満載！

1,300円

この地球《ほし》は、宇宙に必要か？
大川隆法 製作総指揮
長編アニメーション映画
UFO学園の秘密
The Laws of The Universe Part 0
製作総指揮・原案／大川隆法
監督／今掛勇　脚本／「UFO 学園の秘密」
シナリオプロジェクト　音楽／水澤有一
総合プロデューサー／本地川瑞祥 松本弘司
美術監督／渋谷幸弘
VFX クリエイティブディレクター／粟屋友美子
キャスト／逢坂良太　瀬戸麻沙美　柿原徹也
金元寿子　羽多野渉　浪川大輔
アニメーション制作／ HS PICTURES STUDIO
幸福の科学出版作品　配給／日活
©2015 IRH Press
UFO学園　検索！
c2015 IRH Press　配給/日活　配給協力/東京テアトル　NIKKATSU
10月10日、全国一斉ロードショー！

幸福の科学グループのご案内

宗教、教育、政治、出版などの活動を通じて、地球的ユートピアの実現を目指しています。

宗教法人　幸福の科学

一九八六年に立宗。一九九一年に宗教法人格を取得。信仰の対象は、地球系霊団の最高大霊、主エル・カンターレ。世界百カ国以上の国々に信者を持ち、全人類救済という尊い使命のもと、信者は、「愛」と「悟り」と「ユートピア建設」の教えの実践、伝道に励んでいます。

（二〇一五年六月現在）

愛

幸福の科学の「愛」とは、与える愛です。これは、仏教の慈悲《じひ》や布施《ふせ》の精神と同じことです。信者は、仏法真理をお伝えすることを通して、多くの方に幸福な人生を送っていただくための活動に励んでいます。

悟り

「悟り」とは、自らが仏の子であることを知るということです。教学《きょうがく》や精神統一によって心を磨き、智慧《ちえ》を得て悩みを解決すると共に、天使・菩薩《ぼさつ》の境地を目指し、より多くの人を救える力を身につけていきます。

ユートピア建設

私たち人間は、地上に理想世界を建設するという尊い使命を持って生まれてきています。社会の悪を押しとどめ、善を推し進めるために、信者はさまざまな活動に積極的に参加しています。

国内外の世界で貧困や災害、心の病で苦しんでいる人々に対しては、現地メンバーや支援団体と連携して、物心両面にわたり、あらゆる手段で手を差し伸べています。

年間約３万人の自殺者を減らすため、全国各地で街頭キャンペーンを展開しています。

公式サイト **www.withyou-hs.net**

ヘレン・ケラーを理想として活動する、ハンディキャップを持つ方とボランティアの会です。視聴覚障害者、肢体不自由な方々に仏法真理を学んでいただくための、さまざまなサポートをしています。

公式サイト **www.helen-hs.net**

学部のご案内

人間幸福学部

人間学を学び、新時代を切り拓くリーダーとなる

人間の本質と真実の幸福について深く探究し、
高い語学力や国際教養を身につけ、人類の幸福に貢献する
新時代のリーダーを目指します。

経営成功学部

企業や国家の繁栄を実現し、未来を創造する人材となる

企業と社会を繁栄に導くビジネスリーダー・真理経営者や、
国家と世界の発展に貢献し
未来を創造する人材を輩出します。

未来産業学部

新文明の源流を創造するチャレンジャーとなる

未来産業の基礎となる理系科目を幅広く修得し、
新たな産業を起こす創造力と企業家精神を磨き、
未来文明の源流を開拓します。

校舎棟の正面

学生寮

体育館

住所 〒299-4325 千葉県長生郡長生村一松丙 4427-1
TEL.0475-32-7770

教育

学校法人 幸福の科学学園

学校法人 幸福の科学学園は、幸福の科学の教育理念のもとにつくられた教育機関です。人間にとって最も大切な宗教教育の導入を通じて精神性を高めながら、ユートピア建設に貢献する人材輩出を目指しています。

幸福の科学学園

中学校・高等学校（那須本校）
2010年4月開校・栃木県那須郡（男女共学・全寮制）
TEL 0287-75-7777
公式サイト happy-science.ac.jp

関西中学校・高等学校（関西校）
2013年4月開校・滋賀県大津市（男女共学・寮及び通学）
TEL 077-573-7774
公式サイト kansai.happy-science.ac.jp

ハッピー・サイエンス・ユニバーシティ（HSU）
TEL 0475-32-7770

仏法真理塾「サクセスNo.1」 TEL 03-5750-0747（東京本校）
小・中・高校生が、信仰教育を基礎にしながら、「勉強も『心の修行』」と考えて学んでいます。

不登校児支援スクール「ネバー・マインド」 TEL 03-5750-1741
心の面からのアプローチを重視して、不登校の子供たちを支援しています。
また、障害児支援の**「ユー・アー・エンゼル！」運動**も行っています。

エンゼルプランV TEL 03-5750-0757
幼少時からの心の教育を大切にして、信仰をベースにした幼児教育を行っています。

シニア・プラン21 TEL 03-6384-0778
希望に満ちた生涯現役人生のために、年齢を問わず、多くの方が学んでいます。

ブログ blog.mamoro.org

いじめから子供を守ろうネットワーク

学校からのいじめ追放を目指し、さまざまな社会提言をしています。また、各地でのシンポジウムや学校への啓発ポスター掲示等に取り組む一般財団法人「いじめから子供を守ろうネットワーク」を支援しています。

公式サイト mamoro.org
相談窓口 TEL.03-5719-2170

政治

幸福実現党

内憂外患《ないゆうがいかん》の国難に立ち向かうべく、二〇〇九年五月に幸福実現党を立党しました。創立者である大川隆法党総裁の精神的指導のもと、宗教だけでは解決できない問題に取り組み、幸福を具体化するための力になっています。

党員の機関紙
「幸福実現NEWS」

TEL 03-6441-0754
公式サイト hr-party.jp

出版メディア事業

幸福の科学出版

大川隆法総裁の仏法真理の書を中心に、ビジネス、自己啓発、小説など、さまざまなジャンルの書籍・雑誌を出版しています。他にも、映画事業、テレビ・ラジオ番組の提供など、幸福の科学文化を広げる事業を行っています。

アー・ユー・ハッピー?
are-you-happy.com

ザ・リバティ
the-liberty.com

幸福の科学出版
TEL 03-5573-7700
公式サイト irhpress.co.jp

THE FACT
ザ・ファクト
マスコミが報道しない
「事実」を世界に伝える
ネット・オピニオン番組

Youtubeにて
随時好評配信中!

ザ・ファクト　検索

入会のご案内

あなたも、幸福の科学に集い、ほんとうの幸福を見つけてみませんか？

幸福の科学では、大川隆法総裁が説く仏法真理をもとに、「どうすれば幸福になれるのか、また、他の人を幸福にできるのか」を学び、実践しています。

入会

大川隆法総裁の教えを信じ、学ぼうとする方なら、どなたでも入会できます。入会された方には、『入会版「正心法語」』が授与されます。（入会の奉納は1,000円目安です）

ネットでも**入会**できます。詳しくは、下記URLへ。
happy-science.jp/joinus

三帰《さんき》誓願《せいがん》

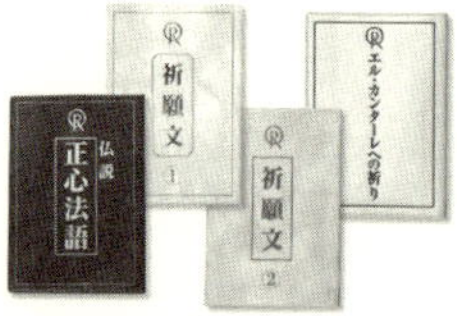

仏弟子としてさらに信仰を深めたい方は、仏・法・僧の三宝への帰依を誓う「三帰誓願式」を受けることができます。三帰誓願者には、『仏説・正心法語』『祈願文①』『祈願文②』『エル・カンターレへの祈り』が授与されます。

植福《しょくふく》の会

植福は、ユートピア建設のために、自分の富を差し出す尊い布施の行為です。布施の機会として、毎月1口1,000円からお申込みいただける、「植福の会」がございます。

「植福の会」に参加された方のうちご希望の方には、幸福の科学の小冊子（毎月1回）をお送りいたします。詳しくは、下記の電話番号までお問い合わせください。

月刊「幸福の科学」

ザ・伝道

ヤング・ブッダ

ヘルメス・エンゼルズ

INFORMATION
幸福の科学サービスセンター
TEL. 03-5793-1727（受付時間 火〜金：10〜20時／土・日・祝日：10〜18時）
宗教法人 幸福の科学 公式サイト **happy-science.jp**